땅바닥 Essay 2

땅바닥 memo

조성자

땅바닥 Essay 2

땅바닥Memo

초판1쇄 인쇄 2025년 10월 2일
초판1쇄 발행 2025년 10월 14일

저 자 조성자
편 집 진보라
펴낸곳 공감네트웍
주 소 광주광역시 남구 회재로 1186번길 45
이메일 4308585@naver.com
출판신고 제2025-000012호 (2025. 6. 17)

ⓒ조성자 2025
ISBN 979-11-994618-1-9

값 20,000원

일러두기
모든 본문은 다음카페 〈땅바닥과 친구들〉에 적힌 그대로 옮겼습니다.
전라도 사투리에 대해 별도의 표준말을 달지 않았습니다.

땅바닥 Essay 2

땅바닥 memo

조성자

공감네트웍

　　다음 카페 〈땅바닥과 친구들〉의 카페지기를 하면서 2003년부터 2017년까지 썼던 수천 개의 글 중에 메모식으로 쓴 몇 개를 모았다. [베란다 보이]와 [땅바닥 essay] 사이의 세월이다. 오랜 세월, 그야말로 기쁠 때나 슬플 때나 컴 앞에서 무언가를 썼나 보다. 회원들의 추임새가 있어서 오랫동안 글을 쓸 수 있었다. 카페 회원 모두에게 감사드린다.

　　무수한 댓글 중에서도 몇 개를 골랐다. 댓글러들의 이름을 기록해 두고 기억하련다.

　　강명숙, 강미선, 고경하, 고애란, 곽성구, 공주아빠, 꽃잎바다, 김금옥, 김금해, 김명희, 김민숙, 김 정, 김정윤, 김정숙, 김정순, 김연수, 김연이, 김영숙1반, 김영신, 김영자, 김예란, 김은숙, 김진희, 김효숙, 김현희, 김혜경$, 나예심, 노춘이, 느린이, 달빛사랑, 더불어숲, 도화예인, 돌김, 두레박, 들에핀국화, 만초, 멍텅구리, 문옥희, 뭉치, 미스고, 미스티, 미희, 라벤다향기, 류선경, 박경신, 박루미, 박성애, 박영란, 박영숙, 밝은태양, 블루, 빛고을백마, 샹그릴라, 생일, 서봉옥, 솔나리, 솔방울, 송계옥, 송정희, 심 숙, 여린비, 에밀레, 예쁜미소, 오주연, 윤을현, 윤숙희, 윤희숙, 은교, 이민영, 이쁜이, 이미라, 이성원, 이 순, 이영희, 이인숙, 이은정, 이정남, 이진영, 이현숙, 이희정, 임해숙, 전 숙, 정경애, 정림, 정명희, 정아란, 정영숙, 정혜옥, 제선주, 제제, 종순, 조혜심, 지영순, 직녀, 초록지우산, 초선, 티아맛, 파파스머프, 한미경, 함초롬, 해바라기, 혜경46, 홍명희, 화주, amie, augustine, bohemian, doan415, -SOS-, 子夜

여러 나무들이 어우러진 거대한 그리고 맑은 향기가 나는 우정의 숲속에 들어앉은 기분이다.

2025년 10월
다음카페 〈땅바닥과 친구들〉 카페지기 땅바닥

세상에 이런 책은 없었다. [땅바닥 memo]는 우리 시대를 살아가는 보통의 여고동창생들이 인터넷 카페에 모여 인생과 세상에 대해 거리낌 없이 수다를 떨어낸 기록이다.

전국민이 포털사이트의 카페서비스를 통해 연결되기 시작하던 2000년대 초, 한국의 남녀노소는 당시 지배포털이던 〈다음〉에 몰려들었다. 카페 〈땅바닥과 친구들〉은 전남여고 42회 졸업생들의 동창회 카페였다. 그들은 대개 1955년생~56년생이다. 책이 나온 지금은 69세 또는 70세, 그러니까 여기 소개된 글들은 사십칠팔세에서 환갑을 넘기는 시절까지의 수다들이다.

그들은 참으로 자유분방하다. 실소를 자아내는 하루하루의 에피소드들로부터 문학과 음악과 대중예술과 영화와 스포츠와 때론 정치와 재난과 사회적 이슈들에 대해 거침없이 말한다. 유치찬란하게 다투기도 하고 곤란한 지경에 빠진 친구를 따스하게 위로한다. 그리고 항상 어떻게 사는 것이

가치 있는 삶인가에 대해 끊임없이 자기 생각을 말한다.

그들은 또 깊은 새벽까지 서로 댓글을 주고받으며 늙어감에 대한 회한과 삶의 궁극에 대해 토론한다. 의외로 해박하고 깊은 독서가 뒷받침된 글들, 꾸밈없는 경험을 솔직히 고백하는 글들이 읽는 이를 감동시킨다. 또 좋아하는 음악을 다퉈 카페에 올리며 대화의 BGM으로 장식한다. 카페지기인 저자가 [베란다 보이](2019)등을 출간한 수필가인 점도 카페 전체의 글들을 품질있게 흘러가게 한 요인으로 보인다.

그들의 모교인 전남여고는 호남명문이다. 고교입시 시절 이 학교에 모인 여고생들은 자부심도 대단했다. 1974년 졸업한 그들은 인생의 원숙기를 이 카페에서 보냈다. http://cafe.daum.net/chonnmam42 카페 첫화면에 쓰여있듯 [땅바닥 memo]는 시시하고 콜콜한, 그래서 다정한 우리들의 이야기들이다. 이 책이 한 시대를 살아간 여고동창생들의 삶을 비추는 사료가 될 것임을 확신한다.

목차

2011-2013

2014-2017

새처럼 날고 싶다

오늘
비행기의 발달사에 관한 글을
읽어보고 놀랐다.
아주 오래전부터
인간들이
날아보려고
새처럼 되어보려고
별별 짓거리를 다 했더라고.

글먼
나도 지극히 정상인가 봐
새처럼 훨훨

날고 싶그등.
떳떳이 밝혀도 되겠으.

날개를 퍼덕이지 않고
고공에서
멈춰있는 새를
그넘의 기분을 상상해...

(2004, 49세)

댓글(8)

김혜경$ 04.11.22 00:41
니 맘을 잘 알아, 그러나 날게 놔 줄 수 없어. 우리 사이카페 지켜야
하니까...

솔방울 04.11.22 01:08
중학교때 단체관람 영화중에 메리포핀스에서 노랑 우산을 펼치고
사뿐히 날아내리던...방바닥에 이불 깔아놓고 책상위에서라도 잠깐

이나마 날아보시는 기쁨을 누리시기를...손목조심하시구요.하하하...

김예란 04.11.22 01:37
애들 학생시절 러시 아워에 학원 시간 쫓기면 상상한 날개옷..ㅋㅋ
ㅋ 잠자리 날개 같은 것만 걸치면 날아다니거나, 또 제 5원소 영화
에서 본 공중을 나는 차.. ㅎㅎㅎ 다급한 엄마 마음이었던 시절..근
데 벌써 그리워진다.. 그 시절이 ~~^^*

이진영 04.11.22 08:45
성자야 오죽하면 If I were a bird 가 있을까...짱이면 그 정도의 사
고는 필요해!!

송정희 04.11.22 10:04
사이짱~ 이미 자유로이~ 날고 있지 않나용...ㅎㅎㅎ 나도 유유히?
(마음 만큼은..)

김연수 04.11.22 12:05
그 바램은 영원한 인간의숙제 아닌감..? 얼마나 그 바램이 사무치
는지 사이버 세상에서의 나의 닉이 뭔지 아남 칭구여? 새처럼온누
리를 이다. 날자 날자~ 전인권의 노래처럼 올라가니 또다른 길이
저멀리에. 고등학교때 들고다니던 애벌래구들거리는 그림책도 오

르고 또 올라도 저기에 또다른류의 올라갈 동산만 가득ㅜ.ㅜ

심숙 04.11.22 14:17
우리는 나는 날개대신 팔과 손이 있어 느끼고 안고 쓰고 만들고 등등을 할 수 있잖냐 정말 우리는 날지못하는게 한이 될수만은 없는 듯 날수 있었다면 비행기의 발명이 없었을것같다 대신 더높이 날 수있는 이상이 있잖나?

미희 04.11.22 19:33
조짱!! 우리 마음의 대변자.그것도 편하게 해학적으로.덕분에 5분은 웃었어. 나이가 들어갈수록 그런 마음은 더해질지도.

독수리, 전북 김제시(2020), 샹그릴라(신경진) 촬영

2003-2005

벌써

오늘 9월 21일의 하늘을 보았느냐 대한민국 사람들아?
이것이 우리의 조국이여. 너무너무 맑고 푸르고 드넓은 가
을 하늘! 이런 축복이 우리에게 있다는 것이니 무등산을 보며
그저 절로 미소가 나온다. 아 나의 조국 대한민국이여, 그리
고 내 이 나이에 바라보는 저 아름다운 조국의 하늘이여.
아름답고도 보배롭도다!
(퍽!!!--손바닥 도장 찍는 소리)

(2003)

종교적 인간

〈크리슈나무르티〉

종교적 인간이란 무엇인가?

나는 이제 종교적 인간이 무엇인지 그대에게 말해 주리라.

무엇보다도 먼저 종교적 인간이란

홀로(alone)되는 인간이다.

이것은 실제적인 고독을 의미하는 것이 아니라

하나로서 자립한다는 의미이다.

그 어떠한 도그마도, 그 어떠한 주장도,

그 어떠한 배경도 없이
그녀는 의젓하게 홀로 서서 스스로 즐긴다.

두 번째로, 종교적 인간이란
반드시 여자이자 남자이어야 한다.
이것은 실제 육체적으로 그래야 한다는 것이 아니라
모름지기 만물의 이원적 본성을
꿰뚫고 있어야 한다는 말이다.

다시 말해서 종교적인 인간은 남녀 양성의 원리를
모두 느끼고 몸소 체득하여야 한다.

[This Timeless Moment]/Laura Huxley

(2004)

몸이 아플 때 내가 하는 주문

모든 병과 고통은 나름의 이유가 있다.
그것들은 늘 지나간 어떤 것, 다가올 어떤 것에 따른 보상이다.
다만 왜 그 일이 일어났는가를 깊이 이해하는 일이 중요하다.
어떤 병과 고통은 그것이 제일 나은 방법이기 때문에 일어난다.
따라서 그것을 사라지게 하면 더 큰 대가를 치르게 된다.
육체의 고통은 좋든 나쁘든 어떤 이유가 있으며,
그것들은 언제나 영적인 차원에서 시작된다.

(2004)

제사

어제는 친정 아부지 제사
오늘은 시댁 작은 할아버지 제사
연타루다가... 헥헥
여름에들 약하셨나벼~

웃기는 게
신혼 초에 나 혼자
부엌에서 일하고 설거지하고 그럴 땐
승질도 나고 분하기도 하고
눈물도 찔끔찔끔 흘렸었는데

이제 결혼 한 20년 넘고 보니
어예~

척척!
대충 할 일과 눈에 띄게 해놓을 일도
잘도나 구별하고
전 지지는 것도 후라이팬 큰 거 사서
속전속결~
설거지도 샤샤샥~~

오오... 일 못하는 내가
제사만은 프로가 돼간다.
장보기부터 예산 짜기랑
끝나고 이리저리 먹거리 나누기랑
나는야
대한민국 제사상 잘 차리는
진짜 며느리!

근데 이런 거
좋아할 일인감?   (2004)

피로의 찬미

일을 하거나
여행을 하거나
허다못해
컴퓨터 앞에서 몇 시간을 보내거나
반찬을 만들거나 한 후
피로해질 때의
조용한 만족!

도대체
팔팔한 몸땡이로
무슨 창조 정신이 찾아오던가!
오오

이 나긋한 피로여...
온 혈관에 쌓인
생명의 증거여...

오늘
잠을 잘 것이로되
내일의 피로에 대한
철저한 약속이
있음이로다!

(2004)

이럴라고

앞으로 이렇게 해 볼 거야
슬플 땐 그 슬픔에만 완전히 몰입해서
한껏 슬퍼할 거야.
울고불고할 거야.
죽도록 슬퍼할 거야.

그리고
즐거운 일이나 기쁜 일이 생기면
거기에 폭 빠질래
조그마한 일이라도
온몸을 던지며 신 낼 거야.
싱글벙글할 거야

온 세상이 예쁜 꽃들로 가득 찬 것처럼
좋아할 거야.

절대로 두 가지 중
조금이라도 섞지 않겠어.
내 감정에 충실할 거야.
그렇게 할 거야.

♪배경음악:카우보이비밥 ost 중 〈우주의 사자〉

(2004)

수능 커닝을 이렇게 본다

온 도시가 우울에 빠졌다.
핸드폰을 이용한 대규모 커닝 사건.
중앙지에 대문짝만하게
수능시험이란 단어와 부정행위란 단어와 광주란 단어가 실리고
방송에서는 또 난리다.
한마디로
광주의 학생들이 싸그리 불신의 눈으로 보여지고
시민은 절망에 휩싸여 있다.

부정행위 주동자 몇 명은 이미
구속이 결정되어
구치소에 있다고 한다.

범죄자가 된 것이다.
사이짱의 마음도 무겁다

그렇다면
과연
이번 사건의 잘못은 모두 그 청소년들에게만 있는가?
한나절의 객관식 5지선다 시험으로
인생의 모든 것이 결정나는 것이
현재의 입시다.
12년의 공부에도 깜박 잘못 실수로
(2)번을 (3)번으로 잘못 쓰면
대학이 바뀔 수 있고
공부 별로 안 해서 모르는 문제도 에라 찍자 (2)번으로.
그리해서 점수만 올리면 인생이 바뀔 수도 있다는 말이다.

지식의 깊이를 제대로 재지 못하고
채점하기에만 편리한 객관식 시험제도를

마치 최선인 양

문제 삼지 않은 체,

점수 1점 또는 0.5점이 인생 전체를 바꿀 수도 있음을 아는

청소년들에게

이번과 같은 사건을 일으킨 것에 대하여

전적으로 탓할 수는 없다는 말이다.

시험이란 제도가 있음과 함께 커닝의 역사도 같이해왔다.

세계적으로도 마찬가지다.

바라건대

시험 형식이 커닝을 얼마든지 가능케 해놓고

그 유혹에 졌다는 이유로

극악범 취급하지 말고

다시 한번

교육부 당국은

수능이라는 시험의 객관 타당한

그리고 공부하는 학생들이 정당하게 드러나는

합리적 시험 형태로 거듭나도록
개선할 것을
요구하는 바이다, 에헴.
(참고로 나의 자식이나 조카나 이종이나 고종이나 내종이나 어느 누구도 이
번 사건에는 관련되어 있지 않음도 밝혀둔다)

또한 중요한 것은
사회의 윤리랄까 정의랄까에 대하여
우리 어른들이 얼마나
모범적으로 우리 자식들을
교육했는가도 고개 숙여 반성해야 한다고 본다.

-창의적이고 기발한 커닝의 방법과 사라져가는 하나의 미덕
"의리"에 대해 미소마저 나왔으나, 이내 음울한 빛고을의 분
위기에 격앙되어 아픈 팔목 무릅쓰고 갈겨 쓴 사이짱 memo

♪배경음악:빠삐용 ost 〈Free As the Wind〉
(2004)

춤

춤이란 게
도대체
남에게 보여주기 위한 거야,
아님
지 재미로 흔드는 거야?
누구 아는 사람?

(2005)

이만 구천 원의 행복

오늘
컴 스피커를 샀다.
동네 삼성플라자에서 샀다.
"젤루 좋은 걸로 주세요" 해가꼬 샀다.

스피커를 보듬고 집으로 올 때
기분이 좋았다.
봄볕이 내려왔다.

집에 왔다.
헌 스피커를 빼서 동댕이치고
새 스피커를 달았다.

샘쿡의 써머타임을 개시곡으로 들었다.
꼭 결혼식 날처럼 들뜬다.
지오바니마라디를 들으며 라면을 먹었다.
온 방이 방방방 울린다.
음악은 나의 피!
29,000원이 주는 이 뽀땃한 행복.

(2005)

참을 수 없는 존재의 가벼움

자신이 사는 곳을 떠나고자 하는 자는
행복하지 않은 사람이다.

[참을 수 없는 존재의 가벼움]/밀란 쿤데라

(2005)

머릿속에 박힌 속담 두 개

중국 속담에...

친구 한 명을 제대로 아는데 전 재산을 날려도 좋다.

프랑스 속담에...

보름달이 뜨면 여자 셋 중 하나는 미친다.

(2005)

딸기

문득
냉장고를 열어보니
딸기가 있네.

먹기 좋게 접시에 담겨있네.
이 사람이 씻어놨나
꽃도야지가 먹다 남겼나....
나머지 식구를 생각했군.
사람이 하는 짓거리 중에
다른 사람을 행복하게 해주는
조그맣고 조그마한 일들이
제일 신기하다.

조그마한 구슬들을 꿰어서
목걸이를 만든다.
냉장고 속의
빠알간 딸기.

(2005)

참을 수 없는 가벼움

순간에

얼굴을 가리고 싶을 때가 있지.

아무도 나를 모르게 하고 싶을 때가 있지.

공중으로 증발해 버리고 싶을 때가 있지.

하나도 변하지 않은 나를 볼 때.

작년과, 어제와 별로 다르지 않은 나를 보게 될 때.

진흙탕에 튕기는 물방울 하나보다도 더

가벼운 나를

그 참을 수 없는 가벼움을 볼 때.

♪배경음악:자끄루시에르 트리오/G선상의 아리아

(2005)

체 게바라

인간의 사랑과 유대감은
고독하고 절망적인 사람들 사이에서 싹튼다.

[체 게바라 자서전]/체 게바라

(2005)

독서 memo

연금술사

그는 이 마을에서 많은 친구를 사귀었다. 친구를 사귀는 일은 여행의 큰 즐거움이었다. 늘 새로운 친구들과의 새로운 만남. 그러나 그렇게 만난 친구들과 며칠씩 함께 지낼 필요는 없었다. 항상 똑같은 사람들하고만 있으면 -산티아고가 신학교에 있을 때 그랬던 것처럼- 그들은 우리 삶의 한 부분을 차지해 버린다. 그렇게 되고 나면, 그들은 우리 삶을 변화시키려 든다. 그리고 우리가 그들이 바라는 대로 바뀌지 않으면 불만스러워한다. 사람들에겐 인생에 대한 나름의 분명한 기준들이 있기 때문이다.하지만 정작 자기 자신의 인생을 어떻게 살아가야 하는지 알고 있는 사람은 아무도 없다.

[연금술사]/파울로 코엘료

♪배경음악:Anna Vissi/Paralyw

(2005)

스몰토크

간만에 아는 선배와의 전화

"잘 살어?"
나: 잘 사냐고 물으면 답이 얼른 안 나오데...멀 잘 산다고
허는거유?

"건강허구, 걱정거리 없음 그게 잘사는 거지."

나: 흐음...건강했으나 지금 감기에 걸렸고요, 잔걱정은 않
고 사는 체질이나 늘 삶의 의미 파악에 골몰하니 그거이 큰
걱정이제요머.

"왜, 생전 전화 한번 안 하니?"
나: 전화 안해도 마음속에 있던걸요머.

"갱년기 우울증 같은 건 없어?"
나: 먹고 살기 바쁘니 그런 게 생략되나바여..
나름대로 허전할 때는 술도 한 잔씩허구, 나가서 놀아요.

"박범신 책 나왔드라, 함 읽어봐"
나: 네..두꺼워요? 요샌 두꺼운 책 시러..

"여전히 음악 좋아허구?"
나: 녜.

"....."

나: 언닌 시골 생활 좋우?

"사람 많이 안 만나니 좋아. 일은 많지만.."

나: 목소리 좋으네머..다행유.

"너도 언젠가 시골로 와"

나: ....

(2005)

비 오는 날

새로 산 세자리아 에보라의 시디를 들으며
비 오는 낮
혼자 점심을 먹는다.
나는 얼마만큼 와 있는가
어디로 가고 있는가
나이가 주는 것은
거의 아무것도 없는 것 같다.

(2005)

생명

감히 이 시대의 젊은이들에게 말한다.
생명은 어떠한 경우에라도
소중하고 존엄한 것이며, 그래야 마땅하다.
술 취한 일본의 부랑자를 구하려고
자신의 생명을 버리지 말라. 그대의 생명도 소중하다.

자신과 자신의 부모, 형제, 사랑하는 이들을 생각하라.
어떠한 절실한 소원을 이루지 못한 것 같다고
자신의 생명을 버리지 말라.

인생은 생각보다 길며 오늘의 실패는
반드시 나중의 보물이 됨을 모든 부모 세대를 대표하여

감히 말한다.

세상에는 돈이 부족해도

출세와 성공을 못 해도

행복한 사람들이 얼마든지 있다.

사람들 사이에서 서로 아끼며 '생명'을 소중히 여기기 때문이다.

법정 스님이 최근에 있었던 한 연예인의 죽음에 대해 하신

말씀이 적절하다:

"참고 기다리면서 삶의 연륜을 쌓아왔던 부모 세대의 지혜

를 되새겨 볼 필요가 있다."

나는 [연금술사]를 인용하겠다: "생명은 성대한 잔치며

크나큰 축제다."

(2005)

댓글(13)

김정윤 05.02.24 15:03

절절한 마음, 동감한다. 부모가슴에 한을 남기는 나약한 자식..갑자기 내 부모와 사랑하는 딸을 더 살겁게 대해야겠다는 마음이 그리고 찐한 슬픔은 음악탓인가..쭈그렁 우리 어머니가 보고 싶다.성자야

홍명희 05.02.24 20:15

자살은 어떻게든 미화할수없는 정신질환이다. 그리고 기자들의 기사 전적으로 믿으면 안되겠더라, 이번에 광주에서 수능좋은점수얼어 서울의대 간 모군이 잘아는 사이인데 ...

홍명희 05.02.24 20:20

인터뷰한적도 없다는데 신문에 사진과함께 "포항공대냐 서울의대냐"하고 제법긴 기사가 실린 어의없는 일이있더라.....이은주영화는 보진않았지만 뮤비보니 어째 글루미선데이 느낌이...

솔방울 05.02.25 00:29

그날 그여자만 죽은게 아닐진대 유독 그녀만 죽은것처럼 떠드는 매스미디어가 싫다.가난때문에 병때문에....갖가지 이유로 더 살고파도 못산 사람들이 얼마나 많은데.....전 감히 그녀의 죽음을 '뒈졌

다'라고 표현하고싶은 울분을 느낍니다. 관심도 없고요...

윤희숙 05.02.25 01:01
솔방울님 화나셨군요. .....그런데요 우리 중 누구도 그녀가 죽음을 택할 수 밖에 없었던 진정한 이유를 모르는 상태 아닌가요? 몇글자 발견된 메모가 그 이유를 다 말해주는 것은 아니라고 생각되거든 요....

윤희숙 05.02.25 01:07
세상의 누구도, 그냥 한번 저질러보는 장난으로 죽음을 택하지는 않을거라는 것이 제 생각입니다. 다시 올 수 없는 길이라는 거..모를 리는 없으니까요. 그녀가 죽음으로 걸어들어갈 수 밖에 없었던 막다른 상황을 그녀 아닌 그 누가 안다고 말할 수 있을까...하는 생각을 감히 해 봅니다....

윤희숙 05.02.25 01:23
물론 저도 그녀의 죽음소식에 가장 먼저 그녀 부모님의 심정이 떠올랐습니다. 그녀가 조금만 더 정신적으로 성숙했더라면.. 하는 아쉬움은 있지요. 그런데 우리 20대를 돌이켜보더라도 부모님 생각 때문에 행동을 유보할 수 있는 연령은 아니었던 것 같아요. 이 나이 되니, 내가 부모 되어보니 그 심정을 아는 것이지요...

조성자 05.02.25 01:27
우리나라 사람들의 냉철하지 못한 감상주의와 그를 이용하는 매스컴에 질린게 한두번이 아녀!!!

윤희숙 05.02.25 01:35
긍게 매스컴에 놀아나지 말고.. 그가 떠난 진짜 이유를 나는 모릉게....하믄 되는거 아닝가..하는 뜻이제. 이그..나는 성자가 불타는 얼굴하믄 걱정스러워 니 얼굴 그러다 화상 입어야.

꽃잎바다 05.02.25 10:59
쿠헥, 불타는 얼굴...ㅋㅋㅋ

김정순 05.02.25 21:21
그녀가 감당하기엔 너무나 무겁고 버거운 짐이 있었다네 그녀가 돈돈 할만큼 무거운 짐이 해결의 조짐이 보이지 않자 어린나이에 그런거래

꽃잎바다 05.02.26 00:20
글쎄여...돈돈 하기에는 너무 이쁜나이 아닌가요? 흠. 돈은 또 벌면 돼자나여...

망각의 화원

한 달이 가고 두 달이 가면서 사람들은 늘어났다. 그래서 이제는 제법 양로원답게 간호사도 아주머니도 바쁘게 왔다 갔다 한다.

3층에 있는 어느 외교관이 가끔 지르는 악 소리가 아름다운 음성으로 실내를 가로지른다. 2층에는 의사 출신의 치매 환자가 있는데 그 사람은 잘 때만 빼고는 간호사를 불러 댔다. 또 94세 먹은 할머니는 하루에 수십 번씩 화장실을 드나들었다. 최근에 입소한 93세 할아버지는 키가 2미터나 되는 장대였다. 그 할아버지는 아파서 입원했다기보다는 화초에 물을 주기 위해서 취직했다고 착각하고 있었다.

인생에 지쳐서, 치매에 걸려서 정신이 없는 그들이 자아내는 행동은 무의식의 행동이고 목적 없는 행동이었다. 살아 있기 때문에 움직여야 하고 때가 되면 먹어야 하는 그들의 행동은 몹시 무목적이다. 하루 종일 휠체어에 앉아서 시간을 보내고 있는 그들은 미래가 없는 현재에서, 버려진 인생에서 그저 생명만이 붙어있는 존재였다.

인간에게 욕심과 희로애락의 감정을 빼고 나면 허전한 허무의 세계가 지배한다. 깊은 밤에 치매 환자들이 지르는 악소리를 듣고 나도 때로는 저 사람들처럼 자기를 잃어버리고 악을 썼으면 좋겠다는 착각에 사로잡힌다.

[망각의 화원]/이경성

노경이란 어떤 것일까

젊은 시절엔 중년이란 어떠할까 궁금하드만...

어렵사리 구한 책.

우리들이 학교 다닐 때 미술책 지은 이경성. 지금은 팔십오륙 세 되겠지.

노인이 쓴 책을 한번 읽어보고 싶었어. 인생을 그 정도 살고 대충 큰 실패를 겪지 않고 궁핍하지 않게 살고 나면 넉넉한 도의 경지에 이르게 되지 않겠나 싶었드만. ㅜㅜ

외롭고 괴로운 것이라고 한다.

생노병사 중에 노는 그러한 것이여?

(2005)

고요한 가을

하늘은 푸르르고
가을이다.
이 철의 바람은 유별하군.
평온한 마음으로
이 가을을 보내야 하리.
쓸데없는 지식욕에
과한 발랄함에
감성의 소모에
더 이상
내몰리지 않고
담담하니 보내는 한 계절.
나의 쉰 살 가을.

(2005)

한잔은

한잔은 삶의 의미를 찾는 너를 위하여
또 한 잔은 너를 사랑하는 나를 위하여
마지막 잔은 우리를 외면한 이를 위하여...

영화 [술고래]

(2005)

시각, 촉각, 청각, 미각, 후각 중에서

나의 말년에
청각이 가장 오래 남기를 바래.
금년 9월 11일 집들이 때 그대들이 준 선물들...

오늘 배달되어 왔으.
행복예감,
음악은 나의 피!

(2005)

홍등가에서 생긴 일

홍등가에 출입한 지 한 달이 다 되어가는 어제.
씁쓸한 일이 생겼다.
일주일에 세 번씩 출입하는데
어제도 일찍 집을 나서서
주차장에 차 대고
마사지실에 먼저 들러
전문가의 마사지를 30분간 받았다.
글고 나서 옷을 입고
아래층으로 내려가면 홍등가가 있다.

6칸의 칸막이 각각에는
남녀가 웃통을 완죤히 벗고 드러누워

홍등을 쬔다.
동신대 한방병원 적외선 치료실.

홍등을 쬐고 있으면
간호사가 들어와서
부항도 뜨고 어혈도 빼고 쑥뜸도 놓고
한의사가 들어와서 침도 놔준다.
사이짱의 오십견이 빨리 낫기를 바라는
친절한 사람들...헤헤...

그런데
이날 홍등을 한 십 분 정도 쬐고 있자니
똥배 아랫부분이 찌르륵~찌르륵~ 저려왔다.
'헐~ 왜 이러쥐?
홍등이 몸에 좋다드만
회춘의 신호인가?...기분 나쁘지 않은 신호야...'
속으로 좋아하며

온통 정신을 집중하고 있었다.
'먼가가 좋아지고 있어...크크'
치료가 끝나고
옷 입고 계산하고 나왔다.
기분이 좋았다.

그런데
조금 후에 알고 보니

사이짱을 감동시킨 '찌르륵~'은
아랫도리가 살아나는 (적)신호가 아니라
소리죽여 놓은
바지 호주머니 속의
핸드폰이었다.
아쉬웠다.

(2005)

달랑달랑

국회의원이란 사람들이
국회의사당에서 우르르 나오는 모습을 TV에서 볼 때마다
웃음이 나온다.
남정네들이 하나같이
그야말로 일색으로
전부 넥타이를 목에 달랑달랑 매고
계단을 걸어 내려온다.
므헤헤헤…
더운 여름에도 다 똑같아.
멀라고 목을 저리 질끈 동여매고들
폼을 잡는지.
남자들 옷 입는 거 증말 웃기다.

(2005)

왕서방 연가

수많은 노래 가사가 있지만
어릴 적 듣던
이 노래...
〈왕서방 연가〉만큼

오랜 세월이 지나 가슴에 박히는
가사를 알지 못한다.

비단 장수 왕서방
명월이한테 반해서
비단 팔아 모은 돈
몽땅몽땅 바치고
돈이 없어도 띵호와~
명월이만 있으면 띵호와~

(2005)

댓글(6)

조성자 05.08.19 11:16
명월이의 진실이 문제 아니겠으?

이미라 05.08.19 15:10
왕서방 혼자 좋아한거 아니여?

조성자 05.08.19 17:27
내가 감동받은것은 어뜨케 평생을 모은 재산을 한 사람에게 다 바칠수 있는가하는거여....진정한 사랑아니겠냐?

이진영 05.08.19 19:06
이 세상에서는 한 번 밖에 못 사니까 왕서방 같은 사랑은 할 수 없는 거고... 또 그럴 필요도 못 느끼고 ~~

조성자 05.08.19 20:50
사랑을 필요해서 하나?

뼈국물

롯데 백화점 정육부에서 우족 두 개를 사서
옥희가 갈키준 대로 폭폭 고았다.

뽀얀 국물에 도가니까지
음~음~하며 제법 맛나게 묵는데
엄마 생각.

혼자 사는 일흔 몇 살 여자의 12월 31일.
플라스틱 통에 국물 담고
비닐봉지에 우족 담고
아롱사태와 무 삶아서 양념한 것도 작은 통에 담고
돈 십만원 봉투에 넣어

보자기에 싼다.

차에 실어 보내놓고 엘리베이터 올라올 때
가슴 한복판이 아프고
아부지 생각...

(2005)

2006

직박구리, 전북 전주시(2010), 상그림터(신경진) 촬영

〈사이 문학실〉 955번에서 무슨 일이 있었는가

자고로 유사 이전부터
쌈할 일이 있을 때, 그리고 상대방이 오랜 친구 간이어서
직접 유혈 낭자한 결투 등이 불가할 경우,
우,견... 등을 내세워 대리전을 벌여온 게 잉간이다.

이의 증거는 고대 유적지에서도 다수 발견되며

우리네 조상님들 또한 꼬꼬닭으로 정정당당한
승부를 겨루곤 하셨으니...

후손들은 꼬꼬닭이 없을 경우, 흉내 내기로
버금하기도 했던 것이다.

그렇다면 일곡중학교 운동장에서 맞대결을 벌인
이 두 마리의 닭은 어찌 된 영문인가?

윤희숙　　　　VS　　　　조성자

이들이 배문성 시인의 시 한 수를 놓고 서로
지가 먼저 찜했다고 우기다가
급기야는

닭쌈에 의해 배문성의 시 한 수를 차지하기로
상호 약조한 것이다. 닭싸움! 이를 위해
윤은 태국에서 공수해 온 다소 떨벙해 보이는 꼬꼬로,
조는 필리핀에서 급송된 닭쌈 전문 꼬꼬로
결투를 벌인 것이다.

초반부터 필리핀 꼬꼬가 공중 3회 반 돌아
눈깔 후비기 전법으로 기세를 몰아가며
태국 닭의 혼을 빼놓더니

기죽은 태국 닭은 제대로 대응 한 번 못 해보고
슬슬 피하기만 하였다. 운집한 사이 뎀사이들의
열띤 응원은 단지, 후딱 쌈이 끝나서 패배한 꼬꼬를
폭폭 삶아서 인삼 뿌리 넣고 삼계탕으로 맹글어
먹기로 하였기 때문이었다.

개전 20분도 안 되어 필리핀 꼬꼬의 압승으로

끝났고, 이로써 윤.희.숙은 영원히 배.문.성의
시를 입 밖에 못 내게 되었던 것이다. 이상.

(2006)

댓글(19)

윤희숙 06.12.20 01:25
푸하하하하하ㅎㅎㅎㅎㅎㅎㅎ.....

조성자 06.12.20 01:27
니가 수입단가가 싼 닭을 산거이 패인이다잉...참고햐.

윤희숙 06.12.20 01:32
음... 조짱이 고단수로 나오는군. 그러나 이 몸도 그리 호락호락 물
러나지만은 않으리.

조성자 06.12.20 01:39
낙장불입, 일수불퇴, 일사부재리의 법칙이라고 들어봤겠제? 흐

음...이 승리의 기분으루다가 우리 배시인의 시나 다시 읽어보러
가야징..므하하하!! 윤희숙~~ 잘자라. 뒤척이는 밤이 될것이 뻔하
다마는 어찔것이냐 인생은 그러한것..므하하하!!

느린이 06.12.20 07:12
흐~음~새벽의 결투~~~~~난 것도 모르고잤네~~~아까워라 ~재
결투는 없나요~희숙씨~~화이팅~~(같은 희숙이가~ㅎㅎㅎㅎㅎㅎㅎ
ㅎㅎㅎ)

직녀 06.12.20 08:44
푸하핫~~ 재밌네요. 세상에서 젤로 잼있는 게 쌈구경이라던디.

빛고을백마 06.12.20 08:49
혹시..말임다...닭두마리가 싸우다 지쳐 둘다 넉다운되는 사태는
안날까여..(어부지리)..아하! 그리되믄 대타기용 및 단체쌈 같은것
도 일어날 가능성이 없지도 않겠구만여..(잊자잊어 닭부리에 말굽
기스 나거따..)

김효숙 06.12.20 11:35
후훗~~~ 이렇게도 전개되는군 유유자적 문학실방에서 지켜보고
있었드만

제제 06.12.20 21:43

한줄 올리자면요.한 5월쯤 잔디좋은 벌판에서 두분이 바지 걷어올리고.. .사이님 덤사이님 양편으로 응원할테고,, 닭쌈으로요 ㅎㅎㅎ 오래전에 해본 닭쌈사진을 보니 오늘밤에 이불이라도 깔아놓고 하고픈 엉뚱한생각이 든답니다..

조성자 06.12.20 23:22

송장길이 긴사람이 일백퍼센트 유리하쥐..ㅋㅋ

윤희숙 06.12.20 22:51

두두두두둥... 서엉자야! 내가 왔다. 왔노라. 보노라. 궁리하노라....

조성자 06.12.20 23:21

황야의 무법자 음악이나 감상허고 쓰라린 마음을 달래게..

서봉옥 06.12.20 23:08

가위 바위 보 하고 닭쌈은 삼세판 하는 건디...?

조성자 06.12.20 23:22

봉옥아 허리아픈데 좀 나으냐?-.-

돌김 06.12.20 23:49
자꾸 쌈 시키면 닭 맛이 없어지오. 빨리 잡아서 먹는 게 남는거라우 봉옥 님~~

돌김 06.12.20 23:48
그나저나 그 쌈닭들 언제 폭폭 고아서 삼계탕 맹글어 먹으오? 난 고것 밖에 생각 나는 게 없는디요. 헤헤~~

여린비 06.12.22 11:17
ㅎㅎ 재밌습니다.

정명희 06.12.23 16:45
먼지 모르지만...재밌다.^^

토고전을 보고 나니

스트레스 팍!팍! 풀려부네...
역쉬
사람은 4년에 한 번씩 심장 피운동 하고 살아야 쓰겄구
먼...잼써!!
선친의 디엔에이 땜시
축구만 보면 열광하는 나.
오늘은 나도 모르게 (원래 거의 서서 관전허는디)
텔레비전 앞에서 홀딱 뜀서 헤딩까지 해부따...ㅋㅋ
암튼 잼썼어.

코리아, 나의 조국! 자랑스럽고도 자랑스러워.
그리고

지성아, 이 아줌마가 널 사랑한단다~~
넌 내꼬야...히히...

(2006)

댓글(21)

서봉옥 06.06.14 01:38
위숭 빠레.. '박지성송'을 답글로 올리고 싶지만 바로 우에다..

이민영 06.06.14 02:13
아아~~기분 째진다~~~~~~~~~~~~~~~``

-SOS- 06.06.14 08:27
프랑스를 이기고 스위스는 비겨주고... 아마 그대로 될껴... 필쌩 꼬레아

이진영 06.06.14 10:26
우리 애국가가 두 번 울려퍼질 때부터 2대 0은 따논 거고 월드컵 역사상 처음 있는 일인데 우리 나라가 자랑스럽더구나^^프랑스 때는 더 열심히 응원하자구나!! 지성이 여드름난 피부도 아주 이뻐보임^^

김민숙 06.06.14 11:17
피프티 아줌마가 운영하는 까페 맞아?

이진영 06.06.15 12:38
난 프리티로 (pretty)로 읽어버렸네요 두 번째 보니까 피프티네^^

서봉옥 06.06.15 18:27
진영이도 늙어가는갑다. 지가 유리한대로 해석해삐~? ㅠㅠㅠ

홍명희 06.06.14 13:41
우리는 기분 좋은데 토고,국가도 제대로 안틀어주고 운동복도 몸에 땀과 칙칙 감기는거 입고 토고가 불쌍해~ 토; 토고야 ! 고; 고맙다 ! 다음 경기는 이겨라~~

78

송계옥 06.06.14 15:31
너무 기분좋은 뉴스야....

정명희 06.06.14 22:54
박지성이 표정...정말 열심히 뛰는구나. 기운이 팍팍 난다!!!

김정순 06.06.15 13:46
박지성 못먹어서 엎어진다나 어쩐다나 그런데 박지성이는 몸을 보호하기 위해서래 운동도 머리가 좋아야혀

이인숙 06.06.15 16:06
성자야! 네가 나의 라이벌이넹! 널 내가 뭘로 이길 수 있을까 목하 고민 중이다.

조성자 06.06.15 20:14
흐음...이거 나도 고민되네..우정을 따르자니 사랑이 울고, 사랑을 따르자니, 우정이 울고. 인숙아..너는 조재진가지믄 안되겠냐? 꼭 나으 지성이를 원하냐?

이인숙 06.06.16 14:58
성자야,암만해도 니가 조재진해라. 나는 2002년 부터 일편단심 박 들레랑께!

조성자 06.06.16 15:07
인숙아..니가 정 그렇게 나오겠다면. 정정당당히 승부를 걸자. 암튼 박지성하고 사진을 먼저 박은 사람에게 깨끗이 양보하기로. 어찐고? 아...위대한 사랑의 가시밭길은 꼭 인숙이 같은넘이 나타나서 날 힘들게 하드라고;;

이인숙 06.06.18 10:21
성자야,가시밭길이 있기 땜시 사랑이 위대해지는 것 아니겠냐? 승리를 위해 가시밭길 기꺼이 걸어갈 용기가 있다.함 해보자!!

이은정 06.06.18 20:15
야들 나한테 허락도 안받고 놀고 있네.

조성자 06.06.19 03:06
헐..삼파전을?!!

이인숙 06.06.19 16:31
오늘 아침 나으 지성이 이뻐 죽거따. 은정아, 성자하고는 몸매가 딸려도 우찌 붙어볼라고 했는디 미스한테는 자신 없따,흑흑...

조성자 06.06.23 00:46
흐미...미쓰가 붙어부니 기가 팍~ 죽는다..인숙아, 우리둘이 일단

힘을 합쳐야헐것 같으다....아, 이리도 어려운것이 진정한 지성사
랑의 길이더란 말인가!

문옥희 06.06.22 18:44
푸마 옷입고 나온 팀은 지고 나이키옷입고 나온 팀은 이긴다했어
이길줄 알았어!자~야 나도 지성이하면 안되겠니?ㅎㅎ 걱정하지마
라 난 안정환이다 안정환이가 나온후 팀분위기가 확 바뀌는 거같
드르라고?

*댓글 중 위숭 빠레는 박지성이 네덜란드 PSV아인트호벤에서 뛸 당시
 Jisung Park을 팬들이 네덜란드어 발음으로 부른 것.

호르모니알(Hormonial)

사이짱이 유년 시절부터 갖가지 발명 아이디어로
부모님과 할머니를 비롯한 일가친척들뿐만 아니라
반경 10킬로 이내의 동네 사람들에게 칭송이 자자했던바,
창의력이란 것이
나이를 묵을쑤록 더욱더 원숙해지누만...헤헤...

어젯밤
갑자기 또
번갯불처럼
발명의 신이 강림하사
발명 아이디어를 주셨으.
다름 아니라

호르모니알!

이치는 간단해.
현대 의학이 가장 낑낑대고 있는 분야가 바로 뇌 의학.
뇌에서 분비되는 호르몬이 가짓수도 많거니와
(108개라나 머라나...)
하는 일과 성분도 가지각색이라자나.
이 중에서
화낼 때, 사랑할 때, 놀랐을 때, 감동먹을 때의
분비 호르몬을 측정할 수 있는 측정 시계를 만드는 거야.

그래서

우리 같은 사람은 음악감상 할 때

떠억~~ 차고 들으면

'아, 이 노래는 나와 잘 맞는갑구나...호르모니알 수치가 93

이 나왔어...ㅋㅋ'

또 연애하는 커플들은

"앗, 이 남자 설대 나오고 얼굴도 괜찮은데

왜 이렇게 나의 호르모니알이 낮게 나올까? 인연이 아닌갑

써..." 등등

써먹을 데가 한두 군데가 아닐 꺼여.

자, 어때?

에디슨만 헌가?ㅋㅋ

(2006)

일복 또는 Challenges in My Life

옛날 여인네들이
어찌나 일이 고되던지
"나 죽으면 일 따라오는가 보소~" 했다드만

좀 아는 영어 갈쳐묵고 사는 나의 직업에도
올가을에 고3들 졸업하면
나름의 안식년을 가짐서
한 일 년의 유유자적을 즐기리라고 막
마음을 먹자마자

돌고래 학교 교장샘께서 전화하셨다.
원어민 교사의 홈스테이 가정으로

정했는데 괜찮으시겠냐고.

"아, 뉀뉀... 괜찮습니다. 감사합니다"
사이짱이 조상 대대로 물려받은
본능적 직관적 초능력적
계룡산 도사성 휠~에 의하여
넙죽 제안을 받아들인 것이다.

생에 다가오는 무수한
챌린지들. 맘대로 되는 것도 아니고
우찌 다가오는지를 생각하면
인연의 바퀴가 신기하고.
새로운 도전들이 주는 짜릿한 긴장이여!!

온돌방 체질 식구들인지라
'미국 사람'을 위한 침대를 새로 사고

숭늉 체질들인지라
서양 사람 잘 묵는 코피도 한 통 사고
푹삭한 베개도 사고
갸들은 목욕하고 몸뗑이를 휘휘 감은 게
해수욕장서 쓰던 왕타올도 꺼내놓고...ㅋㅋ

그리고 어제저녁.
왔따. 이름은 롸이언 오닐...이 아니라 롸이언 팍.
놀래라...얼굴이랑 생김새는 완죤 한국 사람인디

한국말을 하나도 못 한다.
Call me '이~~모~'
'이~~모~~~'
그래서 나는 코리안 아메리칸 조카가
하나 생긴 것이다.
히히...

머?
몇 살 묵었냐고?
투어니퓌래.

♪배경음악:Bernd Steidl/Albinoni
(2006)

일취월장하는 롸이언 꽉

사이짱의 집에
홈스테이하는 미국 사람 롸이언 꽉 있는 거 알제들?
나한테 "이~모~"하는 재미교포 말여.
한국말 배운지가 미국서 석 달
한국서 6주. 그러고 나서 울 집에 온 거라 하데.

근디...
겁니 빨리 한국말이 늘어.

엊그제는 그랑비아또 식당에 데꼬가서
세트 메뉴 먹었는데
내가 꼬부랑 스파게티 묵은 김에

잉글리시로 캐나다에서 있었던 대학식당 총기 난사 사건을
이야기해 주었걸랑...근디
머라고 헌 지 알어?

아글씨...롸이언 퐉이
"이모~ 한국말로 말해요오~" 허는거여.
"웅...알았다..;;"(나원참...)

그러고는 지가 겪었던 일을
그야말로 더.듬.더.듬 한국말로 말해.
"오.제.골.시.에 갔.써.요"

(으잉?)
(머라는 거여, 시방?)

영리한 돌고래가 알아듣기는 제일 먼저 알아들어.
"시골에 갔데"

"푸헤헤...골시가 머야, 시골이제 시골!"
"킬킬..." 당근이 웃음이 나오제.
울 식구들 신나게 웃는디....롸이언 퐉이,

"나.눈. 한.쿡.싸.람. 영.오. 말. 잘.못.할~때.
안.웃.어.요.... 왜. 내.가. 한.쿡.말. 못.할. 때. 웃.어.요?"

뜨끔 곱하기 3이었어...
별명을 리틀 타이거로 지어 불까 생각중이네.쩝.

(2006)

시디 한 장

아마존닷컴이란 데서
어뜨케 어뜨케 해서 찾고 찾다가
오랫동안 원했던 시디 한 장 주문했어.
지오바니 마라디의 〈Serenity〉라는 앨범인디
보통 만 오천 원 하는 시디 한 장이
중고품임에도 불구하고 사만 오천 원이나 하데.
전 세계에서 팔려고 내놓은 게 딸랑 두 개여.
나원참...

어떤 음악가가 미국이나 영국이나 프랑스나 스위스의
스튜디오에서 연주하고 녹음하고
그걸 전 세계 방방곡곡에서 사람들이 듣고

좋아서 모아놓고...멋지지 않은가!

이거 오면
한턱 쏠꺼여...ㅋㅋ
아~ 신난다.
나는야 이너넷이 젤루 좋아!!

지금 나오는 곡이 바로 그 곡이네.
대문 음악 ■정지 누르고, 컴 스피커 볼륨 빵빵이 (입빠이)
올리고 들어봐요들~~
지금 나는 그러고 있으. 헤헤...

(2006)

전영혁만큼은 아니지만

한 달 음악 시디 값이 삼백만 원이라는
그 사람이야 음악이 전공인 사람이고...헤헤...나도
늦바람 불어 음악 듣기 시작한 지 한 3년되나...
오늘 새벽에 아래와 같이 주문했네.
대충 레퍼토리가 괜찮제?

Nina Simone
Gold – Definitive Collection (REMASTERED) [샘플러 증정]

Les Paul &Friends
American Made World Played

두번째달
두번째달 (핸드폰 액정 클리너 증정)

모그(Mowg)
1집 – Desire

모그(Mowg)
2집 – Journal

루시드 폴 (Lucid Fall)
1집 – Lucid Fall

Yo-yo Ma And Bobby Mcferrin
Hush

Paris Match
Type Iii

Santana
All That I Am

Soundtrack
러브토크 (LOVE TALK)

In Flames
Come Clarity

Soundtrack
Brokeback Mountain (브로크백 마운틴)

Soundtrack
Pride &Prejudice (오만과 편견)

Soundtrack
Nana (나나)

Amalia Rodrigues
Amalia Rodrigues (BOX SET)　　68,600 원

이선희
13집 + Live 실황　　13,400 원

김현식
Best 1

9,900 원

Paco De Lucia
Gold – Definitive Collection (REMASTERED) [샘플러 증정]

정말 원하는 음악들이 있어도 국내에 시디가 없는 게 태반여... 얼마 전에

아마존에서 시켜봤드만 배보다 배꼽이 클라허데...
방법을 찾고 있어

젊은 사람들은 엠피쓰리 있는데 머하러 시디 사냐고 허겄제.
시디 음악의 좋은 점도 있으니머.

나으 시디 컬렉숀이 맘에 드는 사람은 나중에
시골집에 모여서 듣고 놀자구. 어때?ㅋㅋ

(2006)

아름다운 음악을 듣노라면

아름다운 음악은
가까이 벗이 없을 때
제일 다정한 벗

이 밤에
나는 음악을 들으며

선 하나 색 하나에
몇 시간째 고민하는
지구 위의 어떤 화가들과

단어 하나 문장 한 줄을 놓고

쓰기와 지우기를 반복하는
맑은 가슴의 또 어떤 시인들이
반드시 있다고 믿는다.

♪배경음악:It Was In Shiraz(이별의 그늘)/Featuring 신예원
(2006)

왕짜증 뉴스

백송이의 장미를 연인에게 주었다는 것도 아니고
백한 마리의 달마시안도 아니고

경찰 백 명이
대학생 두 명을 쫓아
온산을 뒤졌다 하네.
아침부터 얼.척. 없네.

오늘 아침 광주일보 기사 가져왔으.

방우영 조선일보 명예회장 20대 괴한 2명에 벽돌 피습
조선일보 방우영(78) 명예회장이 20대 대학생으로

보이는 괴한 2명에게 피습을 당했다. 29일 오후 1시 15분께 경기 의정부시 가능동 도로에서 방 명예회장 부부가 탄 벤츠승용차(07고75××)에 괴한 2명이 달려들어 승용차 뒷유리창에 벽돌을 던지고 인근 야산으로 달아났다. 방 회장은 부상을 입지는 않았으며 피습 직후 운전사와 수행원들이 이들을 추격했으나 붙잡지 못했다.

경찰은 "20대 대학생으로 추정되는 괴한들은 흰 종이로 감싼 벽돌에 '조선일보 근조'라는 문구를 써넣었으며 운동복을 입고 있었다"며 "경찰 100여 명을 투입, 수색했으나 범인을 잡지 못했다"고 밝혔다.

최권일기자

(2006)

행복의 조건

죄다 돈으로는 살 수 없는 것들이다.

1. 자유
용기 있는 자만이 가질 수 있거늘, 남의 눈치 보는 자는 엄두를 내지 말 것. 용기는 행동을 말한다.
2. 우정
자기 자신에게, 그리고 동성이건 이성이건 타인에게 솔직하지 못한 자는 누리지 못한다. 그 사람에게 거짓말을 했다면 이미 친구가 아니다.
3. 사랑
신만이 안다. 신의 스케줄에 있다면 최고의 행복을 갖는 것. 없는데 억지 부리지 말 것. (2006)

2007-2010

청호반새, 전북 순창군(2020), 샹그릴라(신경진) 촬영

최흥종의 오방 중에서

머가 젤루 어려울 거 같은감~?
〈멀티실〉에 오늘 자 한겨레신문 기사에 난 최흥종에 관한 기사를 올렸네.

내가 궁금한 것은 그리 생을 마감할 때, 그가 정한 오방(다섯 가지 없애야 할 것들) 들을 하나씩 물리칠 때 끝까지 남은 것이 무엇이었을까 하는 걸세. 기사를 읽어보아도 좋고...아래 그 대목을 따왔으니 어떠하신가들?

..그는 1935년 서울 세브란스병원의 친구에게 부탁해 거세를 해버린 뒤 스스로 명예욕과 물질욕, 성욕, 식욕, 종교적 독선까지 '다섯까지 집착으로부터 해방'

을 뜻하는 오방(五放)정을 무등산 속에 지어 홀로 살았다. 해방 뒤 김구는 오방정에 일주일을 머물며 함께 나라를 이끌어가자고 호소했으나 끝내 거부하자 '화광동진'(和光同塵·성자의 본색을 감추고 중생과 함께 함)이라며 그를 칭송하는 휘호를 남기고 떠났다. 성경과 도덕경을 읽으며 생의 마지막 100일을 단식으로 마무리한 뒤 그가 육신을 벗자...

1. 명예욕
2. 물질욕
3. 성욕
4. 식욕
5. 종교적 독선

조간을 읽은 뒤 계속 머릿속에서 생각나서 그대들에게 물어보는 바네.

(2007)

댓글(19)

류선경 07.2.15.
넘 어렵다..난 그중 하나도 못버리는 것이 아니라 버릴수가 없당...난 기냥 사람이니까..

이민영 07.02.15.
식욕!!

빛고을백마 07.02.15.
난 물욕임당~

조성자 07.02.15.
명예욕=자존심..물질욕=돈..성욕=외로움..식욕=3끼밥..종교적독선=지식욕...같은디...지금 생각으론 식욕이 가장 끊기 어려울것도 같은데..

이미라 07.02.15.
3번이라고는 아무도 말안하넹...근데 이제와서 생각해보면 이 다섯가지 중 집착을 가진것은 하나도 없었던것 같으니 대충 맘편히 살았다고 볼수 있는것 같애..

홍명희 07.02.15.
식욕, 몇시간 참기도 힘들어~~ㅋ

조성자 07.02.15.
그래서 4번을 다시 갈래지어보았으.1)밥과 밀가루 2)고기와 생선 3)술과 차 4)김치와 야채 5)과일과 음료수...일단 "물"은 제외하고 말여. 1)번이 젤루 어려울것도 같으고...좀 잘못 나눈것도 같으넹ㅋㅋ

doan415 07.02.15.
단식 끝나는 날까지 생존욕과 성욕은 남지 않았을까요? 고고한 삶의 욕구. 흉내낼수 없는 훌륭한 삶을 사셨군요. 후인들이 이렇궁 저렇궁 하는 것은 불경스럽지요. 오죽 참기 어려웠으면 거세까지 했겠어요. 불교에서는 천상에서도 식욕은 없어도 색욕만은 남는다더군요. 그런데 불교에서는 거세한 사람은 계를 주지않아요. 스님이 될수 없다는 예기지요. 색욕을 초월해야지 회피해서는 안된다는 것이 겠지요. 음심이 곧 도심이라고 가르칩니다. 둘이 아니라 하나의 두가지 모습이라는 것입니다. 그래서 없애야 할 것이 아니라 초월하여야할 전환시켜야할 것이라고 본 것이지요. 색욕이 없어진 자는 도통도 할 수 없다는 것이지요. 그러나 그것은 어느 한 관점일 뿐 그것만이 옳다고 주장하는 것은 아닙니다. 그리고 그러한 성스러운 삶을 훼손하자는 뜻은 더욱 아닙니다. 아는체 해봤을 뿐입니다.

조성자 07.02.15.

글믄 색욕이 저절로 없어진 사람은 빙신이요? 요란한 수행을 거치지 않고도 지절로 저 다섯개가 다 없어진 사람은 왕빙신이고?

느린이 07.02.15.

끝가지 남아있는게 성욕이라 고 합디다~~~자기 의지가 전혀 없을때 무의식적으로 행해지는게 성욕이라 고요~남성이 임종할때 곁에 있는 사람이 자기 어머니라 할지라도 성적인 존재로만 의식된다 하더라구요~~~아우슈비츠 가스실에서 실제로 있었던 일 아닙니까? 헤헤 내가 아는 것만큼만 써보았습니다

　ㄴ **서봉옥** 07.02.15.

끝까지 남아있는 성욕이라... 사람도 전쟁이나 막다른 상황에서는 자손을 남기려 하고, 식물도 생육조건이 좋지 않을 때는 잎보다 씨를 만든다잖아요~~

들에핀국화 07.02.15.

저두 기냥 평범하게 쬐금씩만 잼나게 행복해하며 살랍니다. 비우며 살아가리라 맘 먹으며 사는것 같은디도 자꾸만 채워지니....ㅠ.ㅠ

박루미 07.02.16.

누가 그러는디, 성욕과 식욕은 비례한다고 하던디... 글고, 자본주

의를 살면서 필요악이라 재물욕을 버리기가 쉽지는 않을터. 돈땜에 많은 사람들이 죽기도 살기도 한다는 차원에서보면. 단지 나자신이 삶의 가치를 어디에 두느냐를 곰곰히 고민해보니, 아무것에도 맘가는것은 없구만^^;;.

꽃잎바다 07.02.16.
3,4번은 안돼겠는뎅요...
　└ **조성자** 07.02.16.
크크..순수하게 들린다.

조혜심 07.02.19.
여우가 말 하길 저 포도는 실거야 ...ㅋㅋ 가질수없는 것과 안 갖는 차이 아닐까 ?

조국이여

요 며칠간 모든 짬을
한 가지 일에 몰두하였다. 바로
[해리포터] 읽기.

대한민국 50세 이상의 남녀를 통틀어
지금 이 순간 Harry Potter 7권 전체를
영어 원본으로 읽은 사람 있음 나와 보라 해!
흐흐...

그러나!
뒷맛은 씁쓸하다.
조앤롤링이 스콧랜드 고성을 사들여서

대단한 넘과 재혼해서
아기도 둘이나 더 낳았다는 건
삼척동자도 다 아는 사실.
한마디로 영국의 대부호 대열에
해리포터 써가지고 달캉 올라선 것이다.
세계적으로다가 돈벌이를 하고 있으니.

왜 씁쓸하냐면!
울나라의 판타지 작가들의 수준은
[해리포터] 따위완 비교도 안 되게 높다.
서양에서도 예를 들어 [반지 제왕]의
문체와 구성은 문학이고 예술이다.
우리나라의 이영도를 보라.

(이영도)

[드래곤라자]를 비롯하여
최근작 [피를 먹는 새] 등은
가히 판타지 세계의 확장이랄까
완성이랄까. 완성도 높은 수작들이다.

오오...조국이여.
세계로 뻗어가자. 우리나라 문학인들도
글 써서 세계 부자 랭킹에 들어야 한다.
충분하고 넘치는 예술 작품들을
지구촌 사람들에게 내보이자.
결국 대박은 소프트웨어인 것이다!   (2007)

댓글(27)

이미라 07.08.06 21:56
해리포터 팔아서 벌어들인 돈이 우리나라 반도체 총수출의 20%쯤
된다던가? 미처~~

조성자 07.08.06 22:06
영국에 테마관광지도 맹근다든데 3대가 일안하고 묵고 살게생겼
으니...이혼한 전 남편만 생각하면 세상에 그런 재수없는넘이 어디
있겠냐..ㅋㅋ..아마 정신과 다니고 있을꺼다..ㅋㅋ

강미선 07.08.06 22:10
긍께 요사이 조용했던 이유다 그거여~ 난 어디 여행 간줄 알았는
디...

박루미 07.08.07 02:08
제대로 피서 해부럿구만 그려~^^.

박루미 07.08.09 06:18
대단한 실력이시. 과연 성자여~. 글고, 자신의 재능을 한껏 발휘해
서 본인이 원하는것을 손 안에 쥘수 있다면 그것도 능력이것제. 부
와 명예, 동시에 사랑도 얻고 대중들의 호응, 게다가 행운도 따라

주니 말여~. 그런디, 모든것을 다 가져버린 그녀는 과연 지금 행복하다고 느낄까? 그렇다면 됐고.

윤희숙 07.08.07 18:51
긍게 니 말은 〈헤리포터〉는 문체나 구성 등의 문학성은 별로라는 말이지? 〈반지의 제왕〉은 좀 더 낫고?

조성자 07.08.07 20:38
웅.*^^*

돌김 07.08.07 22:55
난 해리 파러 첨 나왔을 적에 몇 장 읽다가 때려치웠슈. 별로 재미도 없고, 그냥 통속소설 수준의 글이라... 근디 왜 세계 사람들이 그렇게 미쳐 읽는지 아즉도 의문스러움... ㅋㅋ

조성자 07.08.08 02:11
경영의 묘겠지요. 영국이 아그덜 이야기 팔아먹는덴 천재적 경영술이 있더라고여. 나나 토비 팔아먹었듯.

솔방울 07.08.08 11:05
우리나라사람 부자되면 뭐합니까? 강남에 아빠트사고 전국 여기저기 땅 사놓고 외국에 별장 사놓고 ....생산적인일에 뭔가를 할수있

으려는지.....졸부가되어버리겠죠."호호호호~~코리아에선 수준이 안맞어 몬살겠어~~"하면서리 ㅎㅎㅎ

조성자 07.08.08 11:51
나까지 비관적이 되분다, 빵울아...흑..

윤희숙 07.08.08 12:50
울 나라 사람이라고 다 그런 건 아니얌. 두고 봐. 내가 돈을 언다 쓰는지. (내가 곧 벼락부자가 될 거라는 암시.^^)

박루미 07.08.08 16:20
요즘은 기부 문화도 많이 좋아진걸로 알고 있는디요??? 희숙아, 그런 의미에서 나한테도 국물조까 있을까???ㅎㅎㅎ..

윤희숙 07.08.09 10:53
기대하덜덜~~~ 말어~~~ ^0^***

박루미 07.08.10 05:25
나만 그런줄 알았더니, 인자봉께 희수기도 돈땀시 칭구를 내뿌는 사람이 맞당께. 억만금줘도 안바꾼다는 사람도 있던디...ㅠㅠ. 우리 억만금주면 같이 나눠쓰자이~^^.

윤희숙 07.08.10 23:12
억만금 벌면? 음... 그렇담 조까 생각해줄게. 천만금만 벌면 나 혼자 다 쓰고. ㅎㅎㅎ~~

조성자 07.08.11 00:14
루미랑 나눠쓸때 날 가운데 세워.

강미선 07.08.11 08:04
난 바라만 보고 있을께~!!ㅋ

박루미 07.08.12 01:00
ㅎㅎㅎ..억만금 칭구(ㅁㄹ)야, 어쩔까나?? 현실과 타협해분 칭구들이 줄 서부렀다^^.

이미라 07.08.12 09:35
루미가 내말을 못알아 듣는구마이..나도 친구랑 여럿이 나눠쓸수만 있다면 억만금이 왜 싫겠냐? 억만금을 친구와 바꾸면 친구는 이세상에 없고 나혼자 그걸 써야하는 경우말이제..이세상에 혼자라도 돈많으면 그것이 좋을까?

박루미 07.08.13 06:32
나랑 코드 다른 칭구만 바꿔불고, 좋아하는 몇넘만 있으면 충분혀

제~. 돈이라는거이 필요악이다 봉께로 어쩔수없이... 우혜혜~~~
너랑도 나놔 쓸테니 줄서라이~^^.

이미라 07.08.13 10:43
누가 코드다른 친구랑 바꾸는데 억만금을 준다냐? 그런다면 술설
것이 아니라 내가 받겠다..ㅋㅋㅋ

박루미 07.08.13 15:55
나헌티 안맞는 코드가 딴사람 헌티는 맞을수가 있응께로... 아따,
미라 욕심 좀 보게나. 의리가 외출해불고~ 에이, 구여워서 봐준다
^^.

서봉옥 07.08.08 13:27
볼륨이 안줄여져서 걍 듣는디 음악 증말 존네~~ 이케 존 거만 보
고 듣고 살세나~~헤리포터에 한 표 더할 생각이 아니라믄...

조성자 07.08.08 14:29
여러곡 들어있어서 들으며 딴청 보고있네..여름 낮의 나른함이여..

김상봉 교수왈

체구는 아담하신 분이지만
한국철학의 큰 바위 격인 전남대 김상봉 교수가
오늘 자 한겨레신문에서 말한 대목이 왼종일 집힌다.

용기란
"자기를 걸고 싸울 것을 결단한다는 의미에서
자기부정의 능력"이다.

자기부정을 하는 자만이
용감하다는 것인데…
그러므로 잘나뽕은 비겁함.
내 자신의
끝없는 자기부정의
끝은 과연 무엇일까… 사뭇 궁금해진다.   (2007)

네로황제

흉내를 내는 것인지
뽕 묵고 지도 모르는 사이에 허는 짓들인지 모르지만
최근
사이짱의 지대한 관심사였던 아메리카 산불 사건의
원인이랄까 시발점이랄까 애씨당초 스타트가

방화!!라 하네.

(사진은 당근 우리 흰구름님이 찍은 광주 월드컵경기장 불꽃놀이
고~)

불 댕기고 있는 넘을 잡은 것만도 대여섯 명이라고.
돈 많은 캘립포냐주, 스팅 집이 있고 브릿트니 스피얼스 집
이 있는 그 동네 말여...
산 좋고 물 좋아서 그림엽서 같은 그 동네서 말여...

동개도 돌아 댕기고 길거리 수세미 도마 좀약 좌판 깔리고
이십몇 년 살다 보니 모르는 얼굴이 없는 우리 동네가
오늘보다 더 다정할 수가 없네.
비실비실 웃고 다녔어. ㅋㅋ

(2007)

언덕을 오르며

사십은 중년이라 하고
공식적으로 육십오 세 넘으면 노년이란디...
이건 머
무릎과 무릎 사이는 아니고
냉정과 열정 사이라고나 할까
아줌마와 할매 사이라고나 할까
여당과 무소속 사이라고나 할까
어정쩡하구먼.

그대들은 어찌
망구의 언덕을 오르고 있는가?
사지육신적으루 해골정신적으루

찾아오는 여러 가지 불쾌한 증상들을
어찌 처리하고 있냐 말여.

일찍이
인도의 성자 수냐타께서
"가장 神에 가까운 인간은
중성에 가깝다"라 하셨거늘
우리가 오르는 이 언덕은 하늘에 닿는가?

육신이 어쨌는디 머시기를 해서 좋더라랄지
정신이 어쨌는디 거시기를 하니 극복되더라는 야그들 좀 혀봐.
솔직하게.   (2007)

댓글(22)

조성자 07.10.14 13:31
하트의 블러드 템퍼러춰가 내려가고 잇는것만은 사실이여. 매사가
시시하네. 옛날같으면 빌써 추껴들고 끝냇을 일도 미루고 안해. 모
든게 시시하다니까. 큰일이 없어당췌.

느린이 07.10.14 15:19
오래두면 우울증으로 갈 위험이 있어요~ 짱처럼 신나게 사는 사람
에게도 어김없이 고눔의 증상이 오는 군요~밤에 잠은 깊이 잘 자
나요? 잠을 못잔께 우울증이 오더만요~하기싫은 일은 하지마세요
~글고 참고로 난 갱년기 처방 한약을 8제 먹었어요~~~심장이 바
깥으로 튀어 나올 것 같은 증상땜에 잠을 근 한달을 못잤어요~잘
려고 누우면 귀에서 소리도 났고 온갖 망상땜에 앞날이 불안 하고
진희씨처럼 정신 놓지 않으려고 애쓰고~~2년여 동안 팍 늙은거
같아요~주위의 도움을 받아야 해요

강미선 07.10.14 21:37
요사이 시작한 불면증 땜시 힘들어~! 식구들은 자고 있는디 혼자
…ㅜㅜ

느린이 07.10.14 23:49
미선씨~~대추 달여서 자주 마셔요~~안정이 된답니다

멍텅구리 07.10.14 15:20
아직 육십오세 넘지 않았으니 노년이 아니라서 머시긴지 거시긴지 잘 모르겠으. 그저 금년 치러지는 선거에서 좋은 사람 뽑혔으면 혀요. 요즘은 힘든 언덕길이여요.

예쁜미소 07.10.14 16:51
햐~~'그림 쥑이네~~~색깔~나무~별~ 내가 아조 조아하는 것들 이구만요~매사가 무감각해지고 전에는 그렇게 맛잇던 음식도 별루고 슬픈 영화도 안 슬프고 조그만 일들로 꺄르르 웃던 그 소녀 시절이 그리워요~~'그래도 신체 나이는 15년 어리게 나오는 비법 ~~~궁금한 사람은 개인적으로~~~ㅎㅎ

꽃잎바다 07.10.14 19:54
나두나두요.. 아주조은 그림입니다~~ 나의 장래희망은 재밌는 예쁜 할매입니다.

솔방울 07.10.14 20:18
바람불어서 언덕에 올라가신줄 알았어요.바람부는 날이면 언덕에 올라 넓은들을 바라보며~~~~~ㅎㅎ개념허지 마소서....

느린이 07.10.15 00:04
근디~이노래 누가 불렀어요? 제목은요? 야밤에 들으니 참 좋네요

조성자 07.10.15 00:15
조덕배/없습니다

서봉옥 07.10.15 00:18
이유있는 휴대폰 고리를 찾다가.. 쓰레기와 휩쓸려 들어갔나 하고
온 쓰레기통을 뒤졌다.. ㅠㅜ

혜경46 07.10.15 09:49
삶은 호흡하는 것이 아니라 행위를 하는 것이다.

박루미 07.10.15 15:01
정신은 아직 젊고, 거울을 보면 흰머리가 보이고.. 에라이~, 걍 웃
고 살지머^^.

이미라 07.10.15 17:30
우리의 나이가 가을 딱 이계절인거 같은데.. 오늘도 가을들판에 나
가보니 노랗고 풍요로운 들판에 더없이 높은 하늘 그리고 어쩐지 쓸
쓸한 듯한 느낌까지 아~주 좋드만 왜그래? 정말 좋은 계절이고 좋은
나이여..좋아좋아좋아..늙었다는 이야기 안하기로 해놓고..에이~

김정순 07.10.16 11:22
좋은음악을 들으며 춤을 춰 어느시장 닭발 자르기 달인이 열심히
일하면 안아프데

빛고을백마 07.10.17 08:20
사고의 뿌리를 살짝 건드리는 여심..구부러진 더수기를 펼 가을인
가봅니다..홧팅!!!

문옥희 07.10.25 20:59
눈이 나빠져서 평지도 언덕 같아야~ 요즘 왜또 등짝이 아픈지~

이코노 프로그

부동산이 어쩌고저쩌고 해도
고요히 마음을 가라앉히며
선비의 삶을 가련다고 다짐했건만!
야심한 이 밤 시각에
저 써글것들이
어찌 알고 12층까지 학씰히 들리도록
거의 축제 수준으로 발악을 허네.

긍게
2007년 하절기를 총산해보니
여그가 젤루 시골같으냐?
평당 아파트값 계산해보구

먼 길을 찾아왔단 말이더냐?

작년 가을에 귀뚜라미 소리는
놀랍지만 그런대로 운치있더만
온 코리아가 돈 계산만 허고 사니까
한번 쥐면 끝날 미물들도 경제를 허네.
그래 이름 붙여주마.
econo-frog!
나원참...

귀 찢어지겠다 이것들아!
누군가 나에게 핀잔주던 말이 맞네, 이거.
무신 시골향이여 이미 살고 있그먼... 쩝;

(2007)

대통령 선거에 출마하지 않을 이유

사이짱이
미모로 보나
인품으로보나
청렴도로 보나
나가기만 하면
전국 98프로 득표로
당선이제.
근디

게나 고동이나

번쩍번쩍

들어 올리지 않는가!

거의 필수조건이 되어 부렸으.

나는

도저히 안 되네!

욜쒸미 운동해서

당선 직전에
만세 못 불러서
낭패 보는 일 없도록
오십견 운동에
최선을 다할라고.

헤헤...
글믄
내가 안 나오면
누굴 찍어야 허냐고?
우울해져불제?
팔뚝 잘 올라가는 넘 찍어부러~

(2007)

무심의 경지

사이짱이 삼십 년 넘게 국선도에 심취해 온 것은
삼척동자도 다 아는 일.
이는 오로지 무심의 경지에 이르러
세상만사를 한눈에 꿰뚫어 보는 혜안을 노림이니
summer '07에도 변함없이 수행 정진 중이던 차에...
너무 무심이 심하야
국선도장 옆에 소나타를 주차해 놓은 사실을 잊고
수련이 끝나면
택시 타고 집으로 온 적이 한두 번이 아니었더라...

위대하신 알라신의 계시가 내려
수십 년 된 낡은 건물의 모처에

아래와 같이 조치한바

매일의 수련이 안심스럽고도 안심스러워졌다.

광주광역시 충장로 도장 입구

4층 국선도장에서 내려오는 계단

그 계단의 벽... 무언가 보임

가까이 다가가면..

소나타.

(2007)

사이짱의 하루-공짜와 떨이

그리고 보니
돈 쓰는 거이 인생인가 허네.
공짜 영화표가 생겨서
광주극장 〈남쪽〉을 돈 안 내고 봤으. 조조로.
세상에 그 넓은 영화관에서 또다시 나홀로 봤네.
온풍기 돌아가는 소리가 엘로 미안하드만.
어쨌거나 오늘로 〈스페인 영화제〉는 끝이라니
뿌듯한 마음으로 공짜 영화를 즐겼네.

나오니 점심때.
내가 아는 클라씩 광팬과 점심 약속이 되어있어서
충장로 갈비탕집에서 점심을 맛있게 묵었는데

움머~ 이이가 재빠르게 점심값을 계산하는 거여.
그래서 또 공짜 식사 한 끼.

계림동 〈빅토리 레코드사〉에 들렀어.
기억들 하는가?... 근디 이곳이 점포 정리를 하는 거여.
이너넷 음반시장에 케이오된 거제.
방금 전까지 그곳에
쭈그리고 앉아서 시디들을 뒤졌네.

시디 한 장당 7천 원에 팔드만.
이미 부지런한 사람들이 싹쓸이를해 간 터라
나머지 중에 맘에 드는 걸로 골랐네.
떨이 판매의 오진 꼴을 본 거여. ㅋㅋ

"오늘은 경제적으로 영~ 뿌듯한 날이로구나"라고
싱글거리며 집에 들어오는데
우편물이 와 있네.
큰 넘 대학 납부금 통지서.
400만 원이 넘는군...

(2007)

어찌나 통하는지

베네딕토 16세 어르신과 내가 손바닥 빨간 거 말고
또 통하네 그랴... 아글씨 이 어른이
21세기에 걸맞는 7거지악을 엊그제 새로 발표하셨는데...

Vatican lists new sinful behaviors

그러니깐두루 단테의 신곡에 나오는 거는 구닥다리고 시대
에 맞게 죄의 목록도 좀 바뀌어야 한다는 말쌈이었는바,
안심스럽게도
제1조항으로
Excessive wealth를 꼽아주셨네.

지나친 재산!
죄악이라는 것이여.

최근 들어 뵈티칸에서 한 일 중에 기중 잘한 일이라고 봐.
어르신이라고 부를셈이네. ㅋㅋ

버락 오바마 땜시 두 번째 울었네

버락 오바마.
대단한 천재네... 이억만리 코리아의 오십 대 여인을 이리
도 울리다니.
선거유세 중 휠라델피아 연설을 듣고 내 줄줄 눈물이 나더만
오늘 아메리카 대통령 당선 연설은
그야말로
연설의 백미였네.

심금을 울린다는 말의 의미를 제대로 알아부렀으.
미국넘들 부럽네. 마약으로 망할꺼다 어쩌다 말이 많아도
아메리카는 오바마 같은 천재를 나오게끔 교육이 살아있는 한
짱짱할 거라는 예감이 드네. 역쉬 국가의 힘은 교육이여.

에이부라함 링컨의 연설에서 따오고,
마틴 루터 킹의 연설에서도 따오고,
죤 에푸 케네디의 연설 냄새도 풍기게
묘~~하니 질하데.
간결하고 명료하고 감성을 자극하면서도 흥분하지 않는
연설! 최고였어.

아아...
이제 울 나라 꼬라지를 돌아보니
한숨만 나오네. 오천만의 국민이 모다들 심금을 가졌거늘 그 누구 우리들의 이 줄을 팅겨준단말인가!!
남은 생애 동안 딱 한명이라도 좋으니
버락 오바마같은 지도자가 나와서
그의 연설을 듣고 펑펑 울어보고나 싶네.

조국이여, 코리아여!!

(2008)

볼빨간의 [야매]는 내 손안에 있소이다

아티스트 : 볼빨간
타이틀 : 2집 – 야매

CD 상태 : A   자켓 상태 : A
판매자 : mcblood   장르 : KOREA-INDIE
진행 기간 : 2007.12.13 ~ 2007.12.20 (21:37:05)
남은 시간 : 경매가 종료되었습니다.
입찰 금액 : 공개   분류 : 절판된 상품
시작가 : 3,000 원   현재가 : 30,100 원
질문 답변 : (0)   입찰수 : (6)

▶ ▶ Track List

01. 도무지

02. 사랑의 스튜디오

03. 인생역전타

04. 볼빨간 땐스

05. 모시는 말씀

06. 난 몰라 정말 몰라

07. 내 사랑의 설명서를 주세요

08. 이젠 준비가 됐는데

09. 언감생심

10. 동천각 (1집 보너스 트랙)

11. 사랑의 십자말풀이 (1집 보너스 트랙)

12. 나는 육체의 환타지 (1집 보너스 트랙)

13. 인생역전타 (만담)

14. 사랑의 스튜디오 (Version 1)

앨범 정보

★중고입니다
★시디에는 생활기스가 아주 조금 있지만 상태는 좋습니다
★부클릿의 상태도 좋습니다.

순위	ID	입찰자	입찰금액	입찰일시
1	irisdoll	임**	30,100 원	2007. 12. 18
2	thatami	조성자	30,000 원	2007. 12. 15
3	schoolboy11	백**	8,100 원	2007. 12. 15
4	gion0617	박**	8,000 원	2007. 12. 14
5	schoolboy11	백**	5,000 원	2007. 12. 14
6	mudosa	우**	4,000 원	2007. 12. 13

헤헤…

위와 같은 것 첨 봤제들?

오늘이 나으 일생에 아~~~~~~~~~주 행복한 날이네.

그러니깐두루,

2003년에 김효숙 덕분에 듣게 된 노래 한 곡, "내 사랑의
설명서를 주세요"--이 노래가 문제였어.

졸업 30주년 홈커밍 때 부를려구, 빨강 양말, 쪼이는 양복,
중절모까지 다 준비를 했었제.

날마다 악쓰며 노래 연습을 하던 차,
노래방 기계에 이 노래가 반주가 없다는 걸 뒤늦게야 알았어.
그래서 포기하고... 김목경의 "Play the Blues"를 불렀던 거제.

암튼,
그때부터 지금까지
볼빨간의 [야매]라는 이 시디를 구할려구
긴장을 풀지 않고 이 음반사 저 음반사 모두 다 기웃거렸지만
"절판"된 음반이라 구하지 못했네.

그러던 작년 겨울
중고 음반으로 옥숀에 나왔어!!!
위에 보듯이 3000원에 나왔어.--세상에 이 명반이 3000원에 팔릴 뻔했다는 거 아녀.
나로 말하자면 30만 원에도 살 수 있는 각오로 6년째 헤매던 그 음반이 말여!
어찡가보자 하고 3만원 올렸제.

이건 내꼬다하고 안심하던 차,
명박이 땜시 열불나서 그날 밤
광주 시민과 함께 포장마차에서 거나하게 취하고 말았네.;;
쩝;;
그날 밤의 건망증을 얼마나 후회했는지. 땅을 쳤제.

그러나,
신은 나의 편.
에스칼리버가 아더에게 찾아가듯
불가사의한 일이 일어났다네.
딱 100원 더 써서 당첨된 낙찰 받은 저 아찌도
한 건망증 했던가
아글씨, 돈을 일주일간 안 냈다 하네.
음반사에서 연락이 왔어. 제2위 낙찰자에게 당첨됐다고.
캬캬캬...!

그리하야, 바야흐로, 볼빨간의 [야매]가

나의 손에 들왔네. 방금 전에.

이 기쁨을 이루 표현키 어려워.

"인생역전타"를 들으니 눈물이 찔끔 나네그랴.

어떤 작가가 결혼하는 딸에게

"운명대로 마음먹지 말고

마음먹은 대로 운명을 만들어라" 했다드만

볼빨간들에게 바라는 나의 마음이여.

현재 활동을 하지 않는 그룹이라

서포트할 길도 없지만

나의 벗들과 함께

어느 날 술 한잔 기울이며

함께 듣고 싶네.

내가 음악을 좋아하는 만큼

볼빨간을 좋아하네.

-기쁨에 날뛰며. 2008.1.23.

(2008)

역사의 한가운데

산수동 시장판 이층집 상하방에 자취하던 그 시절
다락방에 라면을 박스로 사놓고 올라가 있다가도
불현듯 알 수 없는 어떤 힘에 의해 이끌려 금남로로
나가지 않았던가. 1980년.

2009년 5월 27일 수욜 저녁 도청 앞 조문소.
모두 미안하고 슬픈 얼굴들이데... 고딩들도
헌화하는 걸 보고 좀 놀랬네.

(2009)

이씨

발놈의 나라에서 이민 가고 싶다.

(2009)

멋진 독일넘들

그날 이후
손에 리모콘 쥐고
모로 누워 텔레비전 보는 시간이 많아졌는데
와이티엔에서 얼핏 짧은 뉴스 하나를 보고
감동 먹었네.
독일 부자들이 자발적으로
세금을 더 내겠다고 나서고 있다는 거.
우리 나랏돈으로 8억 이상 가진 자들이
자발적으로 세금을 5% 더 내겠다고
한다지 뭔가.
이런 일은 인류 역사상 최초래.
어찌 되나 꼭 지켜 볼람만.   (2009)

피나 바우쉬

Pina Bausch를 들어 보셨는가
[그녀에게]라는 영화를 보셨는가
마지막 부분의 Rachel 곡에 맞춘 춤을 기억하는가

피나 바우쉬가 세상을 떴다.
피나가 김민기의 〈가을편지〉에 맞추어 추는 춤은
정말 멋있었는뎅... 최고로 아름다운 육체 하나가
사라졌으.

올해는 이상하리만큼 내가 좋아했던 사람들이 죽네

(2009)

바다이야기 단속하듯

울 카페 오락실 일제단속 함 해야겠어.
팔이 아프고
눈이 시리고
어깻죽지가 저려도
모다들
오락 삼매경에 빠지다 보니
드뎌
"오락 땜시 일을 못 하는 지경"에 이르렀다며
아예 카페를 탈퇴하는 회원이 생겼네.
광주 검찰청 특수 8부 수사대가 곧
들이닥칠 꺼여.
그나저나
고비마스터나 되보고~ㅋㅋ

(2009)

나의 소원

매일 점심 후
충장서점까지 4000보를 걸어가서
30분 정도 책 서핑을 하고 나서
맘에 드는 한 권을 산다.

책을 겨드랑이에 끼고
택시 3100원어치 타고 집에 온다.
익일 점심 전까지 그 책을 다 독파한다.
삼 년 동안 하루도 쉬지 않는다.

(2009)

시대의 유혹

최첨단 테크놀로지를 따라잡기가
뱁새 황새걸음 하는 것 마냥 힘 드는 이 시대에
또! 다시
연로한 우리들을 유혹하는 것이 있으니,
이름하야
스.마.트.폰.

어쨌거나 시대의 흐름에 눈감을 수도 없고
감으면 아예 안 뵐 것이니
나처럼 일 단계 준비물이라도 마련들 하시라.
돋보기.

(2010)

오 마이 낙지

사이짱이 낙지를 좋아하는 것은
삼척동자도 아는 사실.
그런데 얼마 전 서울 시청에서 낙지 대가리에
카드뮴인가 먼가가 엄청 쌓였다고 그거 먹으면
뼈에 있는 칼슘을 녹여 불고 카드뮴 지가 대신
들어간다 하였다.
발암물질이라 한다.
그 뉴스를 보는 순간... 기절할 뻔했다.

세발낙지는 물론이요, 연포탕을 먹을 때도
주위 사람이 나에게 미끈미끈한 낙지 대가리를 먼저 집어주며
"니 좋아하는 거 여깃따" 해왔으니까. 몰랑한 대가리를

씹을라치면 고소한 머시기가 한입 가득~~
낙지 맛은 대가리. 대가리 중의 대가리는 낙지 대가리.
그 오묘한 맛.

뉴스를 본 뒤로 어쩐지 뼈마디가 쑤신 것 같고
삼 년 전 오 년 전 묵은 낙지 카드뮴이 내 몸에
쌓여있는 거 같고...
허리도 좀 약해진 것 같고, 무릎도 부실해진 것 같고.
기분이 영 말이 아니었다.
저녁 한 끼 동네 '518낙지식당'에서 때우던
버릇도 없어졌다.

문제는 계절!
오오... 목을 감싸고 도는 이 서늘한 가을바람에
나으 대가리는 온통 낙지 생각뿐.

참다못해
어제는 시장 낙지 횟집으로 최면 걸린 넘마냥 찾아갔다.
"여기 생낙지 한사라요"
참기름장에 찍어 먹으며 그 어느 때보다도 나는 행복했다.
다 먹은 후 주인에게 물었다,
"국산 낙지였지라?"

(2010)

悟道頌

슈퍼에서 대파를 사 올 때마다
칭칭 동여맨 랩을 손가락 열 개로 쥐어뜯다 말고
"가위, 가위"를 찾아 싹뚝싹뚝 가위질을 하지만,
이제는 더 이상
백화점이나 슈퍼의 매니저들을 씹지 않는다.

코카콜라병 뚜껑을 따려면
강호동만한 손가락 힘이 필요하지만,
국선도 수련에서 다진 악력으로 기를 쓰고 돌려보지만,
이빨까지 동원하다가 이내
"어이, 요거 좀 따보소"하고 주위 사람을 불러야 하지만,
이제는 더 이상

콜라 회사 망하라고 주문 넣지 않는다.

고요한 적적성성에 들어
오수를 즐기고 있을라치면 백퍼,
치매 방지를 위하야 이너넷 겜에 몰두하여 막 최고점수를
코앞에 둘라치면, 어김없이,
띵~동~
택배 아저씨.
띵동까지는 좋은데 일 초도 안 기다리고 대문을 부신다.
"쿵쿵쿵쾅!"
콱 쫓아 나가서 그 아자씨의 면상을 째려보며
"야 귀 안 먹었으야. 벨만 누르제 우째서 대문을 뚜들고 난
리여 난리가!"하며
악다구니를 쓰지 않는다. 나는 이제 드디어
아무렇지도 않다.
나는야 在家道人.
의문의 여지가 없다.

(2010)

밥상머리 쏘련말

21세 아들: 누나, 어젯밤 *^$%%^&한디 **&^$%#%이 완
죤히 &%&*^%@#%^%#
27세 딸: 오메 !@#@#$$*&^ 카오스에서는 긍게
$#%%$%^$#^%
21세: &^%%$%%^&*&^(*&*((*&^%$%^##$$% 낄낄낄...
27세: *&$%&**&^@#$%^&~#@~#$*&^^%$* 히히히..

59세 부: 머락흔가
55세 모: 맨날 즈그덜끼리 허는 소리제머.

55세: 성남시장 민주당이 뽑혔었는강?
59세: 광주시 국채 발행액도 솔찬허시, 이거 봐.

55세: 김용민이 그림 그려 놓은거 줌 봐 낄낄낄...

59세: 영낙 영삼이시 히히히..

21세: 머락흔거여

27세: 신문 만화는 봐도 멀러.

(김용민)

2011-2013

후투티, 경북 경주시(2022), 샹그릴라(신경진) 촬영

나으 손톱 위에 올려진 모래

엄지손톱에 모래 올려놓고
잘난 체 우쭐대었네.
와이키키 해변의 모래사장이 있는 것을 몰랐네.
불가사량의 세상이거늘

그동안 자만하고

자신의 행복에만 겨워서

거들먹거렸던 자신에게

오푸스데이의 채찍을 내리치고 있네.

(2011)

댓글(49)

두레박 11.03.16 12:48
^.^ 이름만 봐도 감동이 밀려오네요...자책은 말기로 해요..우리 모두 다...

혜경46 11.03.16 13:28
돌아온 짱 환영한다. 돌아오면서 대문, 타이틀 다 단장하고 새로운 기분으로 카페에 임하는 마음씀이 하심이구나
ㅋㅋ

정아란 11.03.16 13:33
이번에 성자덕분에 우리모두 성장하는 계기가 되었어. 조금씩 내려놓고 조금씩 풀어놓고 그리고 한발자죽 앞으로 가고 있다. 결코

넌 혼자가 아니야. 그것만 알아다오.

김정순 11.03.16 14:15
반갑다 지진후 돌아온 가족같애 성자야 힘네 씩씩하게 가는거야

김영자 11.03.16 15:36
와이키키 해변의 모래사장보다 짱 손톱위의 모래가 더 소중^^ 반 가워~~~우리 모두 남은 날들 소중하게!!!

이인숙 11.03.16 15:50
반가운 마음 어찌 글로 다 표현하리오? 카페 가족 모두 얼마나 널 사랑하는지 알겠제?^^

정혜옥 11.03.16 16:33
성자 네글이 올라와서 반갑다. 이렇게 우리 한세상 살아가는 것 아 닐까. 떠나보내고 그리고 만나고. 그러나 떠난 보낸사람은 우리마 음에 영원히 자리잡아서 더 가깝게 있다는 것을 때때로 실감하고.

이미라 11.03.16 16:39
그래. 그렇구나. 우리가 전부인줄 알고 사는것이 손톱위의 모래같 더란 말이지? 헤아릴수 없는 니 맘을 다 알수 없지만 저 노래의 마 지막은 너무...

김정 11.03.16 17:45
왔구나 성자야~~ 네가 말한 그 모든걸 포함해서 당신을 사랑해,,,
보고싶구면

느린이 11.03.16 18:05
난 여지껏 못깨우친걸 그댄 깨우쳤구려~~~◯◯◯

고경하 11.03.16 18:15
성자가 돌아오니, 정말 봄이 오는것 같다.

김정윤 11.03.16 18:23
든든하네. 반갑고 . 안심 만세~ 짱

김효숙 11.03.16 18:37
얼굴대할때보다 더 반갑고 좋다 뭔넘의 글을 단숨에 내려써분다냐
이미지 선택 뛰어나그만 기타로의실크로드가 생각나 찾아들으면
서 읽고 또읽어본다

강미선 11.03.16 19:10
ㅜㅜㅜ ㅜㅜ ㅜㅜㅜ ㅜㅜ ㅜㅜㅜ ㅜㅜ

정명희 11.03.16 19:27
그렇구나.성자야! 모든 상황이 자연스레 흘러갈 뿐인듯해.청색빛 산그늘을 보면서 희망을 기대하게 되네.

김정숙(4) 11.03.16 20:06
작은 모래알 아름답게 모아서 그곳으로 이사갈때 드리려면 고운 모래 찾아 열심히 나가야할 것 같아 .건강 잘 챙기고 힘내.

멍텅구리 11.03.16 21:02
그동안 쪼그만 모래알이 쌓이고 쌓여 큰 사이섬을 이루었습니다. 쓰나미가 밀려온다해도 우리의 사이섬은 조금도 변함이 없을 것입니다. 이제 더욱더 단단하게 다져가는 계기가 되었으면 하는 바램입니다.

서봉옥 11.03.16 23:04
설령 눈물범벅이 될지라도.. 그님 가시는 길이 축복이고, 그녀가 돌아옴이 축복이 되었으면..

밝은 태양 11.03.16 21:40
험한 세상의 다리가 되어주신 성자누님의 글을 읽으니 가슴이 뭉클합니다. 앞으로 더욱 발전하는 사이회가 되리라 확신합니다.

김영신 11.03.16 22:18

돌아왔구나!! ㅜㅜ 온 마음으로 반갑다.

이은정 11.03.16 22:36

반갑다........

에밀레 11.03.16 22:37

누님~그냥 이렇게 반갑니다!

윤을현 11.03.16 23:09

가고 또 오는 것이 인생이거늘~~~앞으로 잘 살아보자!!

직녀 11.03.17 00:20

반가워요. 언니. 마니마니 기다렸어요.^^

김금해 11.03.23 03:22

가시내, 뒈지게 반갑다야. ㅎㅎ

컴맹일 적에는 인터넷의 세계를 상상도 못하고, 영맹일 적에는 인드라넷의 세계를 꿈도 못 꾸고...나나 나나

영맹 = 영계에 대한 문맹

인드라넷 = 중중무진으로 연결된 모두가 서로 속에 들어 있어 홀로 존재하는 것은 없는 본연의 우주

우리가 마지막 여행을 떠났을 때 남은 우리의 소중한 이들이 어떻게 살기를 우리는 바라는가.울고 불고 에고 데고 짜고 궁글고 보고지고 죽고 몬살고... 회한에 잠겨서 지내는 것인가,
아니면,우리의 뜻을 이어 밝고 힘차게 행복한 세상을 이루는 삶을 살아내는 것인가,
함께 했던 날들의 아름다운 기약으로 사랑에 차오른 마음을 세상을 향해 여는 이들로서...

김금해 11.03.17 04:30
육체가 덧씌워진 울덜 까막눈들은 가신 님들을 보지 못해도
영체로 환원된 밝은 눈에는 우리 인생들 하는 짓이 훤히 보인다 하는 고로,
또한 떠난 이들은 새로운 인연으로 다시 울덜 세상에 돌아 온다 하는 고로,
어디서 무엇이 되어 만날 줄 모른다 하더라도
그들을 위해 더 좋은 세상을 만들고 더 나은 삶을 살아야 할 책무가 울덜에게 있지 않겠는가.
해서, 어떻코롬 살아야 할지는 명약관화한 일.
오푸스 데이도 형벌이 아니라 신이 인생덜과 함께 매사를 즐기는 것이니,
첫째, 많이 웃고 즐거울 것! 둘째도 많이 웃고 즐거울 것! 세째도 많이 웃고 즐거울 것! ~~~ *^^*!!

근디 그전에 해야 할 것이 하나 있그만, 출첵! ㅋㅋ

도화예인 11.03.17 02:53
나는 왜 그매쒸처럼 요롷듯 션하게 풀어주지 못하고
벙어리 냉가슴 앓듯 암말도 못하고 혼자 조바심만 쳤을까?
암만 생각해도 난 바부팅이여...
암튼 돌아와서 반갑고, 잘 견뎌줘서 고맙고, 건강이 염려되는데
따스한 밥이라도 지어멕일 수 있는 영광을 준다면 더욱 고마운 일!!!

김금해 11.03.18 01:02
성님, 짱이 성님 음식 많이 먹더니 딸내미 잘 건워 먹이는 둥...요리
사 자격증 곧 따게 생겼으요.ㅎ

빛고을백마 11.03.17 08:35
짱이 스스로 표현하는 자만이란 것이 우리에게는 자랑스러운 사랑
으로 기억되어 있으니 부디 애써 버리지는 말아달라고
부탁하우다.. 귀가환영!!

솔나리 11.03.17 09:38
건강한 모습 반가워요...이제나 저제나 기다렸는데

제선주 11.03.17 09:54
그저 그저 반갑구나

김예란 11.03.17 10:13
우리의 짱~~ 돌아와줘 넘 반가워!!! 가신 님의 몫까지 건강히 잘 살자꾸나 ^^^

-SOS- 11.03.17 11:31
드디어 짱님의 귀환, 정말 반갑네요... 짱님의 자만은 사이들의 활력소 아닌가요? 환영합니다.

조성자 11.03.17 20:46
두레박님부터 -SOS-님 꼬리말까지 다 읽어봄. 섬하나 강탈해서 확~~요사람들 다 납치해가꼬 함께 살아볼까나! 빠삐용섬. 암도 못 들옴.

정영숙 11.03.17 21:05
다시 이름 석자를 보게 되어 안심이 된다. 그러면 그렇치 . 너무 오래 기다리게 하지 않아 고맙고. 힘내서 더욱 건강하게 화이팅!!!

함초롬 11.03.18 17:15
서로의 곁에서 늘 함께하는 아름다운 이들의 아름다운 모습들을 보았습니다...언제쯤에나.. 하면서 많은날을 그저 기웃거리기만 했습니다...이제 오셨군요...

류선경 11.03.18 21:01
돌아왔다는 소식 이제야 만나네..앙꼬없는 카페,고무줄없는 빤스같은 사이들..이제야 좀 사이카페답네그랴..돌아와주어 그저 고맙고 감사할뿐이네..그대 노래듣고 댓글을 달고 있는 지금,음악때문이겠지..이 쓰라린 가심은..너무 아파 빨리 닫을라네..

문옥희 11.03.18 18:22
"짱의 귀환"이란 영화를 만들어야 겠다 ㅎㅎㅎ 사랑 넘치는 멜로물로다가 모두의 염려와격려에 지도 신이 납니다

김금해 11.03.18 19:10
문감독님~~~ 엑스트라 필요하면 언제라도 불러주시와용~~~ ㅋㅋ

들에핀국화 11.03.19 12:45
뭔말을 쓰것어...
무조건 출첵~

김금옥 11.03.19 19:23
그리운 얼굴 고맙다......

윤희숙 11.03.21 01:40
성자야, 오랜만에 네 이름자 보게되어 반갑고 글 읽으니 가심이 찡하고 노래 땜에 눈물이 돈다. 성자야, 그래도 우리 웃자. 가신 님의 몫까지 알뜰히 챙겨서 남은 날들을 정성들여 살자.

김금해 11.03.21 22:36
가신 님의 컴은 4차원으로 업그레이드 되야가꼬 채팅신청을 해오시는디
울덜 3차원의 꼬물로 삭은 컴은 팝업 차단이 되야 있으니... 이 아니 딱할 노릇이냐.

윤희숙 11.03.22 00:15
긍게 안타깝달 밖에. 근데 한편으론 차단되어 있는 게 다행이지 않을까. 이쪽과 저쪽이 통해불믄 어찌 살까 싶으니 말이여..

김금해 11.03.23 03:23
훤히 통해불믄 모든 것이 있는 그대로 극락이고 천국이라여.
그리 못해서 탈이지... 그리 되기만 한다믄 먼 걱정인가.ㅎㅎ
축구장의 규칙이 축구장 밖에서는 통용되지 않듯이,
중력이나 인과율은 시.공의 좌표를 지닌 울덜 세상에서나 적용되지
이를 벗어난 은총의 세계는 우리의 하찮은 인지능력 밖이라잖은가.

윤희숙 11.03.24 01:47

잉.잉.. 울 금해 말씀이 참 깊구나. 내 사유가 깊지 못해서 아주 다 알아묵지는 못하겠지만.. 앞으로도 많은 얘기 해주렴. 자주 듣고 나도 좀 깊어지게. ^~^

노춘이 11.03.25 09:52

반갑다...다시 보게 되어 몸도 마음도 건강해라

윤숙희 11.03.30 01:54

우리네 인생은 갈수록 모르겠다. 시간의 흐름에 잠시 몸을 기대고 있는듯..사랑하는 이들을 위해힘내자

*나의 남편을 멀리 떠나보내고 한동안 카페활동을 하지 못했다.

푸들을 한 마리 살까

하다가
푸들처럼 귀엽지만 털 안 빠지는
푸들처럼 매일 쓰다듬지만
향기가 폴폴 나는
푸들처럼 이야기 나눌 수 있지만 또한
혼자 두고도 얼마든지 외출할 수 있는
그리고 먹는 거라고는 일주일에 H2O 두 바가지뿐인!

골든 크리스티나 윌머를 샀네.
떡 하니 베란다에 들어왔어.
흐뭇하고
기뻐.

(2011)

타임머신

빽투더 퓨처란 영화와 관계없이
타임머신이 가장 신비한 과학 물건이라고 생각해 온바,
드디어
빛보다 더 빠른 물.질.이 발견되었다 하네.

큰 스승께서 예언하신바
미래엔 영혼들과 이야기할 날이 온다드만
바로 이거이 아니고 머겄어.

비과학인도 이리 가심이 뛰는디
피지시스트들은 어뗘할까.
아인슈타인도 자기 이론이 무너지는 날

시간여행은 가능할꺼라 말하지 않았던가!

인간 과학의 역사에 대단히 중요한 날이 오늘이라고 보네.

그대들은 어느 시대로 가서 누구와
무얼 어떻게 하시려는가.

(2011)

댓글(18)

느린이 11.09.27 08:07
시간여행~~정말 가능할까요? 빛보다 빠른 물질을 타고 어디로 가
볼까나~~지금부터 생각해 놓아야 겠네요~~~빵긋

조성자 11.09.27 01:22
싯달타의 말씀을 코앞에서 직접 들어본다는거이 놀랍지않으오?

문옥희 11.09.27 08:43
알아묵꼬?ㅎㅎㅎ

조성자 11.09.27 18:40
앗..그점을 생각안했네..못알아묵어도 그저 가까이에서 배알한다는거제머.ㅋㅋ

김금해 11.09.27 03:35
빛보다 더 빠른 물질이라니, 멀 말하는겨?

조성자 11.09.27 18:40
뉴스좀 바라.

김금해 11.09.29 03:05
먼 촌구석 사람에게 바깥 소식 잠 소상히 기별해주믄 워디가 덧나남?ㅊ

이미라 11.09.27 09:00
꼭 어느시대로 가고싶은 생각은 없지만 늘 궁금하였던 역사의 진실들을 알아보고 싶긴 하네.그래도 그냥 이대로가 좋아. 과거까지 신경쓰면서 살기는 너무 머리 아플거야.우리 나이는..^^

서봉옥 11.09.27 23:42
그가 있었던 시간으로...

류선경 11.09.28 20:09
그가 뉘규?

서봉옥 11.09.28 23:18
누구라 한들 니가 알겠냐~? ㅋㅋ

류선경 11.09.30 23:22
마저 역사의 진실을 알고 싶네만..양귀비가 진짜 팜므파탈적으로 생겼을까..근데 넘 멀리 가면 화장실 가기가 불편할거 같아 기냥..

정아란 11.09.30 22:05
ㅎㅎㅎ. 이것이_ 가장 진리구마이.

김금해 11.10.02 03:35
빛보다 더 빠르게 과거로 가보는 것은 좋은디, 돌아왔을 땐 이미 그만큼 미래가 되었을 것이기에 낯선 후손들 세상에서 낡은 유물로 살아갈지도 모르잖은가.
상대적 시간을 초월하여 절대 시간에 머무를 수 있다믄이나 모를까. ㅎ 그나 빛보담 더 빠른 것을 다 찾아내고, 인간의 지성 경이로운 것이야. 허나 이미 잘 알려진 그 빛이 되는 길은 돌아보지 않는 인간의 지성 또한 경악스럽기도 하고. ㅋㅋ

고경하 11.09.29 12:35
수양시대로 돌아가 공주의 남자 만나볼까?ㅍㅍ

김금해 11.10.02 03:36
옴마야~, 울 쌩고샹 죽살나게 허는 총무가 먼첨 점 찍이부렀으니... 흐미~, 눈 딱 감고 넘겨줘야쥐.ㅜ__그란디 그대 말은 잘 타남?ㅋㅋ

정아란 11.09.30 22:04
으아~ 우리 사이회 철학의 깊이가 점차 헤아릴 수 없도다.

쥐와 개미와 바퀴벌레와 나

아파트 12층인데
왕쥐가 상당 기간 베란다 헛간에서 살았었다.
그러다가 집식구에게 살상당했고. 한 이십 년 전에.
개미는 약국에서 파는 개미약으로 퇴치했고.
바퀴는 보이는 데로 '탕' 소리를 내며
손바닥으로 쳐 죽이곤 했었는데

오늘 아침에는 웬 불심이 돌아,
오전 9시에 부엌 바닥을 헤매던 중급 바퀴벌레를
화장지로 곱게 싸서
베란다로 가지고 가서
여름 아침의 부슬비 속에

방생하였다. 글면서
관세음보살을 세 번 말했다.

개미약도 철거하고
모기 파리는 향으로 처리하고
손바닥으로 '탕' 치는 쾌감과 이제
슬슬 이별을 고할 때가 왔다.
나와 만나는 쥐와 개미와 바퀴와 모기와 파리와 나방은
앞으로 모두 산다.
쾌락의 끝은 미련이겠지만
내가 즈그들 뜻을 언더스탠드해야
즈그들도 내 뜻을 언더스탠드할 것일 수 있으므로.
변하는 나인가 본래의 나인가.

(2011)

마트 장보기는 잼없어

참 긴장이 많이 된다.
머좀 만들어 먹어볼라고
요것조것 필요한 재료를 잔뜩 메모해서
마트에 가면
헐...
거의 다 맹글어져서
사가지고 와서 데워먹거나,
간단히 요리가 끝나도록 깔끔하니 정리되어 판다.
애쓰고 요리할 필요가 없도록 다 판다
창의적 요리가 불가능하다.
바쁠 땐 좋았겠지만
요즘의 나처럼 시간이 널널할 땐

아쉽고도 아쉬운 거다.

엊그제만도 유부초밥을 만들어볼 심산으로
롯데마트에 깄더니 소스에 양념까지 다 니와 있어서
그냥 사가지고 와서 밥에 비벼서 만들었다.
실패할 확률이 제로라는 건 좀 다행이라고 할가...

(2011)

댓글(27)

이인숙 11.05.14 14:52
울엄마가 예전에 하셨던 말씀이 생각난다....짜잔한 것들만 무장

184

살기 편해진다고.ㅋㅋ

정아란 11.05.14 18:33
ㅎㅎ,어머님 말씀 진리네. 맞어. 지지리 짜잔한 것들 뚝딱 살기 편
채. 살림 9단들은 모두 재래시장에가제. 근디 성자 요리솜씨가 무
장 느는것 같다. 식구 적을 때는 거기 있는 촛물로 그렇게 하는 것
이 편트라. 그래도 사먹은 것보다 훨 낫쟈?

느린이 11.05.14 15:18
히힛~~~ 난 짜자니~~~

김예란 11.05.18 10:59
울엄마는 짜잔해도 종깨 일하지말고 사러라했는데~~~ 평생한 일
은 아침먹고 치우고 점심먹고 치우고 저녁먹고 치우다 보니 인생
가버렸다고 하셔서 저는 열심히 일 안합니다 ㅋㅋㅋㅋ

혜경46 11.05.14 21:07
요리 연습 삼매경에 빠진 아줌마 언제 초대 할래

조성자 11.05.14 23:59
내가 쉰다섯에 이제 요리에 눈뜬디 느그들 따라갈라믄 언제 다 허
겄냐. 난 짜자니~~~

혜경46 11.05.15 19:56
왠 겸손

서봉옥 11.05.15 02:44
묵고 싶구면~ 저기다가 참깨와 단무지, 당근, 오이를 아조 잘게 다져서 넣으면.. 쬐끔 더 럭셔리한 초밥이 되겠지~? ㅋ

조성자 11.05.16 00:02
네 스승님. 지는 김가루만 쬐끔 더 넣어보긴했습죠. 다꽝과 당근과 오이와 참깨라. 입력완료! ㅋㅋ 고맙네, 서박.

류선경 11.05.15 22:36
나도 저 유부가 간도 잘 맞고 간편하기까지허니 참 좋드만..바쁜 철에 별식이지..이제 김치에 도전해봐..간단한 열무김치쯤 어떨까..아님 오이소박이는..

조성자 11.05.15 23:02
선경이니는 우째그리 나으 맘을 꿰뚫어부는거냐. 대인시장에서 김치강습한다고 찌라시 와서 냉장고에 붙여놨다. 김장전에 배우고싶은디. 김치 풀때 손가락에서 나는 냄새가 넘 좋아.

류선경 11.05.16 12:05
해보면 별거 아니니 도전해보길..담에 해선이도 담가주고 며눌애 생기면 실습해보이고..얼매나 오지겄냐..꼭 그런날이 오길..성자 파이팅!!

정아란 11.05.18 10:25
김치풀때 나는 냄새가 좋다는 그 말이 참 듣기 좋다. 성자가 이제 득도하는 모양이다. 그 득도경지에 이를때 손주가 생겨야 딱 솜씨 발휘 시기가 맞아떨어지는 법인디.

조성자 11.05.15 23:03
ㅋㅋㅋ 심사숙고끝에 칼가는 소리나는 음악을 배경으로 깔았는디 암도 말안하네.

서봉옥 11.05.15 23:49
그려? 난 먼소린가 했네~ㅋ

조성자 11.05.16 00:01
ㅋㅋ 장난이여. 칼가는소리맹크로 들려.내가 맞이가나..

이미라 11.05.16 09:20
엿장사 장단 맞추는 가위소리 같아.ㅎㅎ 마트나 시장가기 젤로 싫

어하는 나는 짜잔이중에 왕짜잔이~

정명희 11.05.16 13:17
요리하는 것이 얼매나 창작의 시간이지 몰라.나도 내맘대로 만들고 히죽이 웃곤한단다.^^ 맛있게 보이는 걸!

빛고을백마 11.05.18 09:32
꿀~꺽~! 눈으로 먹는 기분 아실랑가 몰러.. 근디, 좀 안답디여? 여튼 애쓰시는구만여.. 주부티가 인자 좀 나려나?ㅋㅋㅋ

조성자 11.05.20 18:11
달아요.

김정숙 11.05.18 10:44
성자 잘 하고있네 ㅎㅎㅎ 보기좋아

문옥희 11.05.18 17:20
성자 요리 잘해 ㅎㅎ 우리중 누가 유부초밥을매나 해묵냐?유부초밥은 당연히 사묵지....큼

두레박 11.05.20 17:34
차암 신기하요 잉~..늦공부 터지기 보다 어렵다는 늦요리가 다 터

지고..오죽하면 젊은이들에게 늘하는 나의 당부는 요리는 절대 포
기하지 마라 였을라구요ㅎㅎ

조성자 11.05.20 18:11
두레박님이 주셨던 매화꽃잎한장 띄운 차가 그립넹..

두레박 11.05.22 11:50
^-^ 엄청 멋진 분위기를 상상들 하실텐데...ㅎㅎ

고경하 11.05.23 12:40
요리에 관심을 두니..먹어보면 짐작이 생기드만..열심 노력해보소
~~이쁜 그릇에 담아..내가 만들었어도 맛이 괜찮더라고?

지영순 11.05.24 15:38
새콤달콤 조성자표 초밥!! 먹고싶넹~~~

레드 피아노

새끼들 데리고 앙코르와트에 갔다 왔네. 잼 있었어.
날씨도 별로 안 덥고 스콜도 하루에 한 번씩 내려주고.
나으 유럽 칭구가 여행광인데, 추천하라니까 대뜸
캄보디아라고 말하길래 여길 선택했제.
패키지로 가니 편하고 안심스럽고 좋드마.

앙코르와트 꼭대기에도 올라가 보고
나으 홍콩지부 앤 양조위가 화양연화에서 하던 대로
흉내도 내보고... ㅋㅋ 머라고 말했는지는 영화처럼 비밀이
고말고.

메콩강과 만나는 거대한 호수에서 보트피플도 보고

안젤리나 졸리가 마셨다던 그 유명한
졸리 칵테일을 먹기 위해 레드 피아노에도 들렀네. 영화 툼
레이더 봤제들?ㅋ

동양의 관광지에 백인들이 천 명도 넘게 모여서
밤술을 즐기는 모습이 가관이데.

(2011)

굿바이 충장서림

이너넷에 밀려나는거이 어디 한둘인가마는, 우리들의
청춘의 모든 것이 서려 있는
종이 책방들이 없어져 가는 건
슬프다 못해 분노마저 이네.
삼복서점 없어질 때완 또 다른 기분이여.

젊은 시절 한 달 내내 알바해서 돈 몇 푼 쥐면
레코드 가게로 달려가 해적판이든 라이센스든 몇 개 사고
서점에 들러 꼬누고 있던 책 몇 권 사고
그리고 할머니 드릴 홍시 몇 개 사서 집에 올 때
나는 지구상에서 가장 행복한 잉간이었지.
[Farenheit 451]인가 하는 책이 생각나네

미래에 종이책이 없어진 사회를 그린 소설.
종이책들이 이미 e북들에 상당 부분 밀려나고 있고 보니
광주광역시 중심가에 이제 번듯한 서점이 없다는 게
시대 탓을 할 수밖에 없고마.

2012년 8월 말일까지만 〈충장서림〉이 영업을 한데서
요며칠 책 사나르느라 바쁘네.
물론 나도 이너넷 주문을 할 수 있지만
충장서림이 나에게 준 무형의 기쁨들을 반추하는 의미에서
배낭 메고 나가서 이것저것 샀으.

올여름은 경제 서적 탐독으로 보냈는데
이번 가을은 시를 읽으려 해.
책상에 새 책 냄새가 꽃보다 향기롭네.

(다 읽은 책들-빌려 줄 수 있음)

(시골 생활을 위해 준비함)

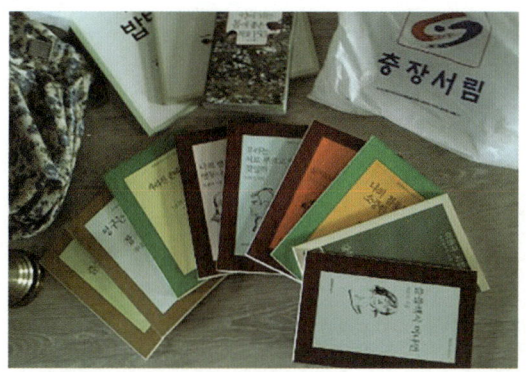

(이병률과 김선우 시집을 못 샀음: 대신, 나희덕 몇 권, 최
승자 몇 권, 이원규, 이원복, 조용미, 마종기, 황인숙, 박정
대 등을 삼)

(두서너 권 동시에 읽으니까 한켠에 또 몇 권ㅋ)

(2012)

오일팔에 만난 사람들

임진 윤3월 28일(양력 5월 18일)

아침을 먹고 부지런을 떨며 집안일을 했다. 오후에 물이 안 나온다니 빨래, 설거지도 해놓고, 찜통 큰 거에 물도 받아 두었다. 오늘은 칩거하며 고요한 하루를 보내야지 하는데, 문자 한 통. 변연식이 광주 왔다고 나오랜다. 광주인권상 시상식 날이라고. 아웅산수치가 받은 그 상 말인감.

청바지를 입고 가기도 머해서
치마와 자켓 차림을 하고 구두도 광 잘난 걸로 신었다.
어제 산 머리삔으로 대충 머리도 다듬고.

금남로에서 만나보니 연식이는 강정마을 해군기지 반대팀
들과 길 한복판에서 춤을 추고 있었다.

나도 시민들과 함께 춤을 추었다. 시위를 하는 간간이 이렇
게 춤을 춘다고 한다. 광주서 몇십 년을 살아도 금남로 한
복판에서 춤추기는 처음. 부끄러웠지만 연식이를 생각해서
꾹 참고 열심히 추었다.

그 후, 상무지구에 있는 오일팔 기념회관에서 열리는 광주
인권상 시상식에 갔다. 강정마을에서 기지 반대운동 하시
는 문정현 카톨릭 신부가 수상자였다. 처음 뵙지만 하신 일
을 쭉 들어보니 대단한 분이시다.

오일팔 재단의 이사장이신 시인 김준태 선생님은 나의 시
간강사 시절 함께 근무하던 교사이셨는지라, 수 세월이 지
나서 뵈어도 반가워하신다. 오마이 뉴스 이주빈 기자도 만
났다. 그의 책 [구럼비의 노래를 들어라]를 식장에서 팔길
래 한 권 샀다. 이기자가 책에 멋진 저자 싸인을 해준다.

아시아 여러 나라에서 온 인권 운동가들도 보았다. 아시아
포럼이라는 인권 운동가 모임이 있다 한다.

또 만난 사람은 바로 이 사람. 분명 〈김삼순〉에서 본 듯한
데 빙그레 웃기만 할 뿐 이름을 안 갈키주는 이 탈랜트!

오랜만에 오일팔 날에 외출하여 민주주의를 하루 종일 생
각하게 되었다. 내가 얼마나 용기가 부족한 사람인지도 깨
달았다. 나는 머를 할 수 있는가. 나의 나머지 생은 어떤 일
들로 채워질까. 심각해진다.

(2012)

30년 만에 찾은 무등 야구장

심심과 지루의 극치를 달리다
문득 야구장 생각이 났네.
젊은 시절 엄청 쫓아다니던 야구.

변했을꺼라 짐작은 했지만 변해도 너무 변했더라고.
삼삼칠박수는 이미 사라졌어.
해태아줌마도 없고.

담배도 다들 나가서 피드마.
돌아댕김서 오징어 땅콩 쇠주 새우깡 팔던 꼬마들도 안 보여.

대신 멀하냐
전문 응원대장이 일사불란하게 응원을 리드하고
미니스커트 입고 치어리더들이 방방 뛰고
각각의 선수마다 개별 응원가가 있어서
다들 외워 따라 부르데
더 놀라운 것은
전광판에 나오니까 응원석의 커플들이 암시랑토않게
키스를 하는거여!
이닝 사이사이 응원석에 게임도 시키고 경품도 주고.

보니
먹는 것도 쇠주가 아닌 맥주가 대세여.
오징어 아니고 치킨들을 먹고.
응원석의 상당수가 기아타이거즈 유니폼들을 입고 왔더군.

난 멀 사 먹었냐고?
불고기 소시지, 물, 고소미. 히히...
누가 멋지더냐고?
기아타이거즈 투수 26번 서재응.ㅋ

환갑 바라보는 나이에
혼자
야구장 가는 재미.

게임은 4대2로 롯데에게 졌는데
요것조것 구경하느라 쟤있었어.
세월 참 많이 변했단 생각.
이곳 옆에 새 야구장을 짓고 있는 것 같으니
슬슬 옛 취미로 돌아가볼까 허네.

(2012)

광고는 지겨워

증말, 진실로, 참으로
부모님을 행복하게 해드리려면 용돈보다 한우일까

아침부터 밤까지
당신, 당신, 당신이, 당신은,
당신 소리도 싫증 만땅인데

큰소리로 이빨이 어떻고 잇몸이 어떻고 악을 써대면
성하던 나으 잇몸까지 아플락한다.

거부감 주는 깔린 목소리로
생명보험 광고하는 거 보면

보는 사람 모두를 백치 취급하는 듯

광고마다 들려오는
어린이 합창단의 꽥꽥소리
지겹다 증말 지겨워.
내공무너지네 ㅆㅂ...

(2012)

주역 팔괘로도 못 푸는 수

음력 임진년 윤3월 27일(양력 5월 17일)의 괘

원래 병원에 가야 하는 날인데
느긋하니 일어나서 볼 일 다 보고 11시가 넘어서야 진료 예
정일인 게 생각났다.-한 씁쓸

요구르트하고 작은 선물을 간호사에게 주었는데 진료비를
안 받는다고 한다. 박박 우겼지만 "그럼 1000원만 받을께
요."-두 씁쓸

약 짓는 걸 깜박하고 걸어가다가 다시 돌아가서 약 지음.
-세 씁쓸

머리삔 사러 충장로 2가 쪽으로 가서 삔 값이 비싸면 얼마나 비싸겠냐고 한 움큼 집어 계산하자니 삼만 원이 넘는다. 빤짝이 달린 건 비싸다나 머래나.-네 씁쓸

아침을 못 먹은 게 생각나 리버사이드 호텔 길 아무 식당이나 들어갔다. 냉국수와 김치전을 주문하고 기다리는데, 갑자기 배가 아파서 화장실에 갔다. 먹은 거라곤 아침에 수박 한 쪽뿐인데. 그리고 아주 맛없는 점심을 먹고 만 사천 원이나 냈다.-다섯 씁쓸

근처에 도쿄주스옷집에 들러 옷을 사볼까 했으나 맘에 드는 옷은 죄다 허리가 작아서 못 입을 것들뿐이다.-여섯 씁쓸

좀 걸어서 중앙로 쪽의 빈티지 옷집으로 갔다. 옷 하나를 걸쳐보고 "이거 괜찮어?"라고 물었더니 꽃도야지보다도 어린 점원이 얼굴이 벌게지며 반말 친다고 삐지더니 휙 안으로 들어가 버린다. 오랜 단골이고 낼 모래 환갑인데. 다른 점원

에게 대신 사과의 말 전해달라 하고 황망히 나옴.-일곱 씁쓸

에스콰이어 가방을 수선하러 롯데백화점 가는데 또 배 아플까 봐 택시를 탔다. 오일팔이라고 금남로가 막히니 빙 돌아간다. 요금도 천 원 이상 더 나옴.-여덟 씁쓸

백화점에서 가방 찢어진 거 수선 맡기고 루즈 하나 사는데, 갈 때까지는 만 원짜리 상품권 써야지라고 생각했는데 막상 계산할 때는 까먹고 카드로 삼만 오천 원을 결제해 버렸다.-아홉 씁쓸

오늘은 재수가 없는 날이라는 생각을 하며 후딱 집에 와서 한숨 잤다. 해가 지면 좀 운세가 바뀌겠지 하고. 저녁 7시에 계모임인데, 6시쯤 전화가 와서 모임에 온단 사람이 나하고 누구하고 둘뿐이라서 이번 달 계모임은 안 하기로 했다 한다. 다들 바쁘다고.-열 씁쓸

밥을 안치고 나니 시어머니가 전화해서 머우대 나물 해놨다고 가져가란다. 택시 타고 가는데, 개인 택시27XX 이XX 이란 기사가 또 기가 막히게 심술을 부린다. 차 돌릴 데가 어디 있냐며 꼬라지를 부린다. 1분도 안돼서 잘 돌리고 나갈라면서. 2700원 나왔는데 3500원을 계산한 나에게!!-열한 씁쓸

집에 오니 아파트 앞에서 생수를 나눠주고 있다. 상수도에 머가 들어가서 낼 물탱크 청소해야 하니까 생수를 호당 2개씩 주는 거란다. 소방차가 주는 물도 바께스로 받아 가란다.어깨도 부실한디 12층까지 물 바께스 나를 자신이 없어서 그냥 세숨물을 쓰기로 결심하고 생수만 들고 왔다.-열두 씁쓸

한 번도 웃지 못하고 지나간 것 같다 오늘. 자식들한테 고자질하려고 카톡질하는데, 허.., 카톡마저 불통이다. 이 정도면 완벽한 하루.

(2012)

208

홍어 애국의 진실

텔레비전의 영향이랄까, 연식의 더해감에 따른 불안증이랄까
암튼 흰쌀과 잡곡밥을 섞어 근 일 년 넘게 먹어왔는데
좋은 거는 잘 모르겠고
느느니 방구였네.

이러다 달에 착륙하겠다싶어
고민이 깊던 차,

이쁜 사람이 고향서 공수해 온 홍어애를
선물로 받게 되었는바
된장 풀고 냄새 풍기며 애국을 끓여 먹었으.
잡곡밥이 아닌 흰쌀밥에 먹었는데

놀랍게도 하루 종일 가스가 안 차고 속이
엄청 편해지는 거여. 한방도 안 뀌고.
이제 흰쌀밥만 먹을라고.
글고 애국을 간간히 먹어줄라고.

어찌나 고요해졌는지
최고로 근엄한 자리... 이를테면
노벨평화상 수상식에 초대되어도 가서 앉아있겠고마.

(2012)

반성하시게나

금일 뉴스에
우리 나이의 어떤 이가
건강한 쌍둥이를 출산했다고 하네.

혼자 사는 사람이라면 몰라도
커플로 살믄서
생산적인 일을 해야 하는 거 아녀!

58세의 나이에 모다들 건강하려고
좋은 음식 먹고 운동하고 해쌋는디

그 단계를 훌쩍 넘어서

아기를 낳았다는 소식에
나으 칭구들은 도대체
뭐하나 싶어서
반성을 촉구하는 바이네.

(2012)

댓글(16)

느린이 12.09.27 12:42
알았어요~~노력해볼께여~~~부끄

조성자 12.09.27 21:29
필요한거 있음 연락해용~느린이.

이인숙 12.09.27 17:23
오메 나는 며칠 전에 손자를 봤응께 반성 안해도 되겠능가?^^

조성자 12.09.27 21:30
노티나네. 반성많이해얄 케이스여.

서봉옥 12.09.28 03:05
벌써 손자를 낳았남? 정말 순식간이라는 표현 밖엔..
추카하네~이뿌제~?

이미라 12.09.27 18:13
반성할 능력 되는 사람 하나 낳으시오~우리 친구들이 다 키워줄테
니까 키울 걱정은 말고.ㅋㅎㅎ

조성자 12.09.27 21:30
암은 그렇고말고. 키우는거야 걱정도 말어.

서봉옥 12.09.28 03:06
선경이 임신 테스트하던 때가 생각나네~~ㅋㅋ

조성자 12.09.28 11:44
ㅋㅋ 그때 의사의 말이 "~입니다"

정명희 12.09.28 12:15
먼 말인가 했네. 반성해봄서 시도해볼까.^^

조성자 12.09.28 15:43
굳~

정아란 12.09.29 21:11
내년 8월쯤에 늦둥이를 많이 보겠군.

류선경 12.09.30 00:25
다들 택~도 없는 소릴세..폐경입니다..라는 소리 또 들을라고..

김정숙 12.10.05 16:23
정말 택도없는 소리다만 반성몇번하고 날것같으면 아들하나 낳고
잡네 ㅎㅎㅎㅎ

문옥희 12.10.05 22:14
정숙아 난 딸

나는야 경매쟁이

삐리릭 쟁이라고 불리울라면
그 삐리릭에 솔찬한 재미가 들려서
경제적 이익 타산을 불문하고 좋아 환장한다는 거 아니겠어?
마약쟁이 아편쟁이 노름쟁이 소금쟁이 등등.
흐흐... 나는야 음반 경매쟁이.
국내선 향뮤직, 해외선 아마존닷컴에서
경매질을 종종 한다네.

아마존에서 건진 것 중엔
지오바니 마라디의 절판 희귀본이 있는데
몇 년 전 가격으로도 음반 한 장에 20만 원이 넘었다네.
국내 음반으로 기억나는 건 넬1집,

볼빨간의 유일 음반 등을
경매에서 따내 소장 중이라네.

이번에도 지름신과 더불어
좋아하는 김두수의 절판본 하나에
도전했으나, 마감 시간에 다른 일을 하느라
결국 낙찰의 기쁨을 놓쳤네. 아쉽고도 아쉽제.

아래 김**과 나의 싱강이며
나**의 마지막 호미걸이를 보시게나.ㅋ

아티스트 : 김두수
타이틀 : 청개구리 고운노래모음집 – 2003년 9월 콘서트

CD 상태 : 미개봉   자켓 상태 : 미개봉
판매자 : paleblue   장르 : 가요
진행 기간 : 22012.05.15 ~ 2012.05.22 (21:18:41) 남은 시간
: 경매가 종료되었습니다.
입찰 금액 : 공개   분류 : 절판된 상품
시작가 : 3,000 원   현재가 : 36,000 원
질문 답변 : (0)   입찰수 : (9)

앨범 정보

★절판된 미개봉반입니다.

순위	ID	입찰자	입찰금액	입찰일시
1	triade1	나**	36,000 원	2012. 05. 22
2	irukandji	서**	27,000 원	2012. 05. 22
3	lakebian	김**	25,000 원	2012. 05. 22
4	thatami	조성자	22,000 원	012. 05. 22
5	schoolboy11	백**	5,000 원	2007. 12. 14
6	lakebian	김**	20,000 원	2012. 05. 16
7	maengkj96	맹**	11,000 원	2012. 05. 16
8	thatami	조성자	10,000 원	2012. 05. 16
9	lakebian	김**	4,000 원	2012. 05. 16

(2012)

사진 한 장의 힘

레슬리 코이어 씨가 11일(현지 시각) 미국 버지니아의 알링턴 국립묘지에서 오빠 라이언 코이어 씨의 무덤 앞에 누워 있다. 라이언 씨는 아프가니스탄 복무 중 입은 부상으로 인한 합병증으로 세상을 떠났다. /Kevin Lamarque ⓒ로이터.

오전 내내 날 눈물짓게 하네...

인터넷 뉴스에 나온 사진 한 장.

85년생이었구마.

(2013)

선택의 기로

제주 아일랜드에서 노는 넘,
지리 마운튼을 등산한다는 넘,
흑산도에 가서 회를 먹었다는 넘,
혹은 아프리카에서 놀고 있다는 넘,
시골의 전원주택에서 효소 만드는 재미에 빠져있다는 넘들
이 있으나, 나는 울집 아파트 베란다에서
이 가을날 놀고 있다. 보니

검정색 난 화분 아래 뚫린 물구멍에서
이름 모를 잡초가 하루아침에 돋아난 것.
팍! 뽑아버리려 하였으나, 본체의 식물과
아티스틱하게 어우러지는 것도 같고

요리조리 화분을 돌려가며 고민 중.

어째야 한다고 봐?

콩밭에 난 잡초완 개념이 다른 넘 같기도 허구 말이여.

(2013)

실패는 쥐뿔의 어머니

창의적 성품에 몰두형이라서
여기에 체력과 주변 여건만 살짝 받쳐주면
세계적 발명품도 맹글고 그럴 판인데.

ㅠㅠ

사이짱이 2011년부터 소위 말하는 요오리!에 심취하야
이것저것 겁 없이 덤벼들고 있다는 사실과
그 요리 중 70퍼 실패하고 있다는 것은 삼척동자도 다 아는 일.

오늘은 그 극치에 달하야
드뎌 결론 부분에 도달하였다. 즉,
유명한 명언따라 "약은 약사에게, 요리는 요리사에게"를
떠받들며 살기로 결심하게 되었다.

체력도 달리고,
무엇보다도 "운"이 따르지 않는 것이다.

주변 여건이란 이런 경우에
이너넷 검색을 말함인데, 재수없게 어려운 레시피를 받아서
오전 내내 "토마토케찹"을 만든답시고
몇 시간을 낑낑대다
30퍼에 못들고 70퍼쪽이 나와부렸던 것이다.
물론 반성은 즉각 나온다: 토마토를 넘 오래 삶아부렸고,
월계수잎이 없었고, 전분가루를 잘 풀어 넣지 않았다는 것
등등.

토마토케첩이랍시고 저렇게 된장색이 되었으니

어느 자리에 내놓겠는가.

혼자 다 먹을 일을 생각하니 슬프다.

실패는 성공의 어머닌가 할머닌가라고 제발 말씀들 마시

라. 심한 사색에 들어갈 모양이니까.

(2013)

댓글(21)

느린이 13.06.24 15:32
푸하하 가까이 살면 얻어먹을터인디~~색갈은 그래도 맛은 좋아
보여요~~근디 그 도전정신 본 받을만 하오~~난 남들은 먼 장아찌
장아찌 해삼서 모였다 하면 요리 얘기를 해쌌는지 끼어들지도 못
하고 고개만 끄덕거리다가 아! 머가 그리 복잡해? 하고 금방 잊어
버려지던데 ~~짱님은 그래도 해보시는구랴? 암튼 사색의 토마토
케첩 영원하라!!

윤을현 13.06.24 16:32
케첩에 도전하는 성자의 요리욕심 알아줘야겠다~~~

이미라 13.06.24 16:42

하이고~토마토케찹에 도전씩이나 하고 실패했다고 사색에 들어간다니 놀랄 노자여! 맛은 어떻드냐? 맛만 좋으면 색이 꼭 빨가라는 법은 없지.새로운 색의 케첩을 개발했다고 생각하면 어때? ㅎㅎ빵에 발라먹어도 맛있을거 같구만.

김영자 13.06.24 16:47

아직 젊어서 좋으네^^요리는 포기한 지 오래~~~

정명희 13.06.24 18:39

고급스럽게 보이네.토마토는 이렇게 저렇게 끓여도 영양가는 최고여.^^

류선경 13.06.24 21:53

이딸리아 어느 주부가 만든것 같은디..병도 이쁘고..계속 도전하길..

서봉옥 13.06.25 01:11

맛이 몹시 기대되누만~~맛만 좋음사..ㅋ 담엔 잘 익은 토마토를 쓰고, 월계수잎은 우리 집에 있고, 전분 찬물에 먼저 잘 풀고..그럼 70퍼 안에 발을 디밀 수 있으리,,실패는 성공의 아부지~~!! 우릴 초대해서 소비를 시키는 방법도 있는디..ㅎㅎ

김정순 13.06.25 08:58
아이고 계속해 아들딸 생각하며 연구를 해야해 국선도도 열심히 해서 날씬한 몸매 유지하고 도전은 창의의 원천 요즘 창의 창의 노래부르던데....

두레박 13.06.25 15:23
흐흐~참을라고 해도 웃음이 새나옵니다~ ㅎㅎ귀요미~~

혜경46 13.06.25 16:34
맛으로 승부 할 생각이면 초대해라 한번에 먹어버리고 행복하자 이 제안에 동의하면

김현희 13.06.26 14:01
요리는 한번 더 해보면 훨씬 나아질테니 주눅 들 필요 없을 것 같고ㅋㅋ 이렇게 맛깔스런 글재주로 우리를 즐겁게 해주니 그게 너의 더 큰 달란트 아닐까 ^^

직녀 13.06.26 14:35
도전하는 삶은 아름답다! 아직도 싱싱한 에너지가 넘치고도 넘치요. 언제 항꾸네 만나서 발라 먹읍시다.ㅎㅎㅎ

밝은 태양 13.06.26 16:43

가장 위대한 것은 훌륭한 고통을 치러야 얻어낼 수 있다는 말이 떠오르네요. 누님께서 마음먹은 꿈을 반드시 이루시길 마음 속으로 간절히 기원합니다.

정아란 13.06.28 15:49

ㅎㅎㅎ. 나도 한참 웃었어. 전에 내가 찹쌀 2되나 많이도 시도했던 약밥에 실패한 일 생각나서~ . 심야에 버리느라 얼마나 고생했던지. 우세스러워서 ㅋㅋ.
성자는 아주 잘했어. 맛있으면 된거야. 원인을 알았으니 되었고. 월계수잎은 병에 든것 한번 사놓으니 10년도 더 쓴다. 유효기간같은 것 완전 무시.

정아란 13.06.26 20:08

색깔이 노란것은 아마도 건강 생각해서 유기농 설탕이나 황설탕을 쓰면 색깔이 그래. 그대신 건강에 더 좋잖아? 물엿도 옛날물엿이 아닌 하얀것을 쓰는게 좋지만 건강에 좋게 잘 만들었네 뭘. 잘 했어. 쉬지않고 연구하는 성자가 더 아름답구나.

정아란 13.06.26 20:10

맘보클럽 친구들이 성자의 고민을 해결해줘야 쓰겠다. 산에서 한날에 한방에 발라먹게 성자가 보시해라ㅋㅋ.

노춘이 13.06.30 10:56
성자 도전 정신 알아줘야지? 마요네즈는 만들어봤어도 케찹은 아예 만들 생각 안 했는데... 색보다 맛이 좋으면 최고!

문옥희 13.06.30 12:53
빨간 딸기쨈 생각해봐 삶으면 빨간색은 없어져 근디 완숙토마토쓴겨?색깔쥑인다 ㅎ 호박색여도 토마토맛나면 된겨 ㅎ두번죽이는건가?ㅎㅎㅎ넌 최고여 열씸히 요리하는뎬

정아란 13.07.01 11:23
오늘 토마토주스 만들때 또 성자 생각. 그냥 갈아도 이 색깔보다 진하진 않구나. 성자가 자연산으로 정직하게 잘 만든 것 같아. 착한 케찹으로 인정!

꽃잎바다 13.07.02 01:29
오뚜기케찹 사먹으세요.ㅋㅋ

doan415 13.07.10 10:18
된장국에 넣으면 한결 맛있을 듯.

2014-2017

동박새, 전북 완주군(2014), 샹그릴라(신경진) 촬영

우봉 이매방의 한마디

"..관중이 천 명이고 만 명이고 간에 그 사람들을 잡았
다 놨다 하면서 그 사람들 오장을 속속들이 후벼놓고 울
려놔야 명창이니 명무니 하는 이름을 얻을 수 있는 것이
지. 아무나 명창, 명무가 될 수는 없어."

오늘 자 광주일보에서 본 승무 무형문화재

이매방의 한마디.

모든 예술하는 자들에게 통하는 진리같다.

(2014)

유나의 거리

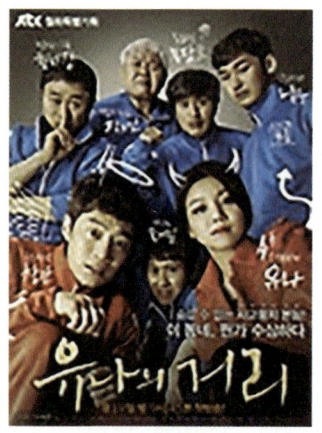

사이짱이 드라마 안보는건 삼척동자도 아는 사실. 그러나,
요즘은 이 드라마에 풍덩빠져사니 그 제목은 [유나의 거리]
jtbc 월화 10시.
[서울의 달] 이래 최고의 대한민국 드라마. 대본, 연출, 연
기, 배경음악까지 완벽한 예술이다!!

♪배경음악:리싸/유나의 왈츠
(2014)

장두석 선생 서거-큰별 하나 지다

감기 기운이 있을 때 우리 식구들이 의례 하는 족탕. 그 족탕기를 발명하신 분. 멀리서 뵈온 지는 십수 년이 넘지만 가까이 뵌 건 얼마 되지 않는데, 작년에 화순 적벽 행사 때 뵌 게 마지막이 되어버렸다. 흘러나오는 트로트에 맞춰 흔들흔들 춤을 추는 나를 보시더니,
"한잔했어?"

78세시라니 아깝고도 아깝지만, 오일팔 때 얻은 간암을 20여 년 갖고 계셨었다 한다. 한복 입고 담배 피우던 선생님의 모습이 그리워질 것이다.

(2015)

뉴스를 댓글로 읽을 때

그나마 웃음이 나온다.
코리아의 대통령이 청년들 모두 중동으로 진출해서
이 나라가 텅텅 비어야 한다는 소리를 한 모양인데, 여기에
최고 댓글은!

***님: 씨롱년아 대구시 수성구 중동에 산다. 됐냐?

(2015)

손을 잡고 걷는다는 것

〈땅바닥과 친구들〉 카페에서 가는 맘보클럽 걷기를 했다. 전남 추월산의 둘레길 4.5킬로를 걸었다. 많이 알려진 탓인지 날씨가 좋아서인지 사람들이 무수했다. 주차장에 차를 두고 1.7킬로만 산길을 걷고 다시 되돌아가는 사람들이 대부분이었다. 친구들과 걷는 길은 그래서 되돌아오는 사람들과 마주칠 수밖에 없는 길이었다.

젊은 커플이 다정히 손을 잡고 걸어오는 모습이 좋았다. 오... 손을 잡고 걷는 연인의 모습보다 아름다운 잉간의 모습이 있을까. 한 시간 반을 걷는 동안 손잡고 걷는 모습을 세어보았다. 만난 사람들이 도합 500명쯤 되는 중에 손을 잡은 6쌍을 만났다. 이십 대 삼십 대 커플이 4쌍. 60대 여성 한 쌍. 사오십 대는 못 봤다. 그리고 나무와 나무가 손을 잡고 서 있는 연리지 한 쌍.ㅋ

누구와 손잡고 걸어본 지가 얼마나 되었는가 생각해 보았다.

(2016)

굿중의 굿은 쌈굿

낼부터 시원해진다는데 믿을 수가 없다.
신선한 오락을 하는데 등에서 짱구에서 땀이 줄줄.
연식도 되고 보니 땀줄기 흘러내리는 것이 진기탕진 맹크
로 생각되는데...
흑염소라도 한마리 과묵어야지원 코리아에서 여름나기가
우째 이리 힘들어져 부렀나.

십 년 전만 해도 요릏코롬 날이 더우면 저녁 먹고 난 시각
쯤 아파트 어드매선가
싸움하는 소리가 들려오곤 했다. 와장창 깨지는 소리도 나
고. 어디여어디 함스로
베란다에 모다들 나와서 쌈굿이 벌어지는 곳을 찾곤 했었

다. 보이는 곳이면 금상첨화. 치정인가 금전인가 가족불화인가 등등 탐정놀이를 하며 구경을 하곤 했었는데.

삼십육 도를 넘어도 아무도 안 싸운다.
요건 필시 땅바닥이 사는 아파트가 30년이 넘다 보니
거주자들이 연로에 연로를 더한 탓일 것이다. 실버타운이
된 탓이다.
머 쌈굿 보겠다고 첨단지구나 수완지구로 이사 갈 마음은
없지만 약간 섭하다.

인간은 동물처럼 싸우기도 해야 한다.

(2016)

손석희의 대선토론을 보고

우리나라의 국어교육에 상당히 문제가 깊다는 것을 느꼈네.
도대체 대통령이 되고자 한다는 사람들이 토론을 저렇게
재밌대가리 없이 할 수가 있단 말인가.

대선토론은 이제와 생각해 보니 김대중 vs 이인제 vs 이회
창이 할 때가 그나마 젤 나았다 싶구먼.

각설하고, 우리나라 국어교육에 하루빨리
토론 수업을 넣어야 한다는 걸 통감했네.
말은 바로 그 사람이여.

(2017)

삼시세끼 차줌마처럼

키만 껀정해가꼬 대사도 어물어물하는 싱거운 배우인 줄 알았는데 차승원. 삼시세끼에서 보니 대단한 사람이다. 전라도 고창에서 촬영한 건데, 더운 여름에 주로 더운 삼시 세끼를 해 먹고 있다. 요리솜씨가 경지에 이른 것 같다.

땅바닥이 무인도에 가지고 갈 베스트20 책을 선정 중인데, 흐음... 요런 남자 한 명 데리고 가면 그 섬에서 다시는 나올 일 없겠다.

하여, 나도 오늘은 차줌마식 라면을 끓여 먹었던 것이다. 계란도 넣지 않고 있는 그대로의 라면. 김치에 뜨거운 라면을 후후 불어 먹으며 차승원 생각을 했다. (2017)

이북들 사서 보시게

제목만 보고 김정은 생각한 사람은 좀 문제가 있다고 보네.

땅바닥이 5000원짜리 모바일 문화상품권을 선물 받았는데,

요걸로 뭘 할까 하고 알라딘을 돌아댕기다

[예언자: 바바 빈지와 노스트라다무스]라는 책을 발견했네.

이거이 이북이여. e-book. 전자책 말이여.

종이가 안 쓰였으니 환경에도 좋고 택배비 안 들어 좋고

책꽂이에 꽂을 필요도 없으니 모름지기

환경을 생각하는 21세기 잉간이라면 이쪽 방향으로 독서

습관을 잡아가야 한다고 보네.

땅바닥의 친구들이라면 말이여.

책값? 2900원.

(2017)

공든 탑 무너진 날

땅바닥이 인생의 최종 목표를 득도에 두고 노심초사 도 닦
기에 매진해 온 것은
삼척동자도 다 아는 사실이었는데
오늘 2017년 9월 13일
십 년간 공들여 온 탑이 무너져버렸다.

다름 아니라
쌈질을 해버린 것.

여류작가 모임에서 한 작가와 시비가 된통 붙어서 도저히
인내, 관용, 자비, 침묵, 달관, 연민, 고요의 경지를 유지할
수가 없게 된 것이다.

240

격렬한 말쌈질이 벌어지고
결국 픽! 토라져 집으로 휑 오고 말았다.

노무현 정권 말기
이명박을 놓고 젊은 변호사와 한판 붙은 이래로 10년 만에
도인으로서는 차마 하지 말아야 할 격노의 지옥으로 하락
한 것이다.

슬프도다.
반성컨대, 그날과 오늘의 유사성을 따져보니
시즌이 이맘때여서 그날이나 오늘이나 전어를 구워 먹었다
는 점이 드러났다.
전어를 그야말로 맛있게 뼈째 먹은 것이 나의 평정심을 깼
을 수도 있는가 의심이 드는 바다.

각설하고,
이미 물은 엎질러졌으니

체력도 약해진 이 초로의 나이에 어찌 다시 십 년 탑을 쌓을꼬 난감코도 난감타.
나가리 되었으니 이제 될대로 화내고 욕하고 치고받고 살 절호의 기회가 온 것인지
아니면 최종적으로 한 번 더
고도의 난이도를 동원한 인생 최종 수련의 쓰라린 채찍을 내 자신에게 후려쳐야 할지
도인의 길에서 미끄러진 루시퍼는 울부짖고 있도다.

개인적 국치일로 지정하였다.

♪배경음악:Izzy/모짜르트/편지의 이중창

(2017)

나 자신을 알라

땅바닥이 독서를 취미로 하고 있음은 삼척동자도 아는 사
실인데, 해마다 구매하여 즐독해 오던 [유엔 미래보고서]를
2017년에도 변함없이 구매했는바,

가만히 생각해 보니 미래보고서 2055년은
다소 멀지 않느냐 싶네.
38년 후라...
내년부텀은 미래보고서를 사지 않을 것 같어.

(2017)

댓글(4)

달빛사랑 17.01.25 23:21
2055년엔 다들어디있으려나?

조성자 17.01.25 23:53
너는 댓글 신속이여늘. 폰으로다냐?ㅋ 니는 어디 있을꺼같어? 지
상이제?ㅋ

달빛사랑 17.01.26 15:32
모르긴해도
일단천당은아닌게확실함.ㅋ

만초 17.01.26 08:22
ㅎ ㅎ

파랑새, 전북 완주군(2018), 샹그릴라(신경진) 촬영

반말

〈갯마을 차차차〉란 드라마에 남자 주인공 홍반장은 시종일
관 반말을 한다. 이점은 내가 보기에 상당한 매력이었다.

(2023)
[노가리 100]에서

독자 시대

원래 문학이라는 것은 구비문학이었습니다. 기원전 오백여 년 때 그리스에서 호메로스가 〈일리아드〉를 글자도 없이 말로만 읊고 돌아다닐 때, 우리나라는 고조선의 박씨가 여기저기 농사판에 불려 다니며 〈모심기쏭〉을 부르고 다녔습니다. 호메로스는 제 짐작으로는 대단한 목소리와 체력을 가진 가수였을 것입니다. 시각장애인이었다는 설도 있고 보면 오늘날 이탈리아의 테너 보첼리를 연상하셔도 좋겠습니다. 동시대의 우리나라 맞상대인 박씨로 말할 것 같으면 농사면 농사, 시면 시, 수필이면 수필을 척척 써내시며, 〈에세이스트〉사 전체 작가 중 최고의 명가수로 실력을 인정받고 계시는 박석구 선생의 먼 조상쯤으로 생각하시면 되고요.

어쨌거나 호메로스 시대에 시인을 아오이도스(aoidos)라 불렀는데, '가수'라는 뜻입니다. 노래를 부르고 사이사이 읊조리는 말이 문학이었습니다. 당신의 문학 공연은 지루하지 않았습니다. 예를 들어 〈오디세이아〉의 '트로이 목마에 대한 노래'를 보더라도 길지가 않습니다. 한자리에서 끝낼 수 있는 짧은 시를 지었음을 알 수 있습니다. 아레스와 아프로디테의 사랑을 노래하는 대목도 100행 정도이니 말로 할 때 지루한 길이가 아닙니다.

이쪽 고조선을 볼까요. 모를 심는 수많은 사람들 한가운데 서서 박씨가 노래를 합니다. 적우의 〈기다리겠소〉가 아니라, 물레방앗간 연애사건에 대해 노래를 합니다. 세종문화회관 오페라처럼 두 시간씩 공연하는 게 아니라, 엎드려서 모 심을 때 갑돌이의 애타는 마음을 노래하고, 모심는

농부들이 논가에서 쉬면서 한 잔씩 할 때는 갑순이의 선택의 고민을 구성지게 썰로 풀었습니다. 길게 하지 않았어요.

　지구의 저쪽과 이쪽에서 문학예술이 꽃 피었던바, 우리가 여기서 주목해야 할 것은 노래꾼이건 아오이도스건 저 혼자 하지 않았다는 것입니다. 선술집이었건, 귀족잔치였건, 농사판이었건, 왕검 후손의 돌잔치였건, 문학은 반드시 '청중'과 함께였다는 것입니다. 그리고 노래의 길이는 가수의 체력과 재능만이 아니라 청중의 시간적 여유와 관심 정도에 따라서도 응당 제한되었다는 것이지요. 쉽게 말하자면 덮어두었다 내일 계속해서 읽는 것이 아니었다는 말입니다. 청중들은 그 자리에서 반응했습니다. 호메로스가 한 자락 뽑고 나면, "옳거니!" "잘한다" "그거 말고 다른 거 해봐라"로, 박씨가 노래를 하면, "오메~" "짠하네" "한자리 더 해라" 등등으로 장단을 맞추며 함께 노래의 세계에 빠졌습니다. '셜록 조'식의 추리를 하자면, 기원전 6세기의 공자가 "구이로 망명하고 싶다"고 했는데, 이때 구이는 고조선을 말합니다. 예를 좋아하던 공자씨가 구이의 구전 예술에 반하여 그리워했지 않나 추측해 봅니다.

　한참을 구비문학이 전 세계에 풍미하다가, 종이가 발명됩니다. 1세기 때입니다. 우리가 중드를 보면 〈삼국지〉에서의 의사전달은 죽간이나 목간이었음을 알 수 있지요. 〈포청천〉은 송나라 시대인데 이때는 종이 문서가 널리 쓰였습니다. 아무튼 종이가 발명되니 문학계에 회오리바람이 일었습니다. 농사짓기 싫어도 박씨 노래 들으러 멀리 영암골까지 갔었는데 이제 그럴 필요가 없어졌어요. 호메로스의 〈오디세이아〉를 들으러 귀족 집 담벼락에 붙어 서 있을 필요가 없어진 것입니다. 종이에 쓰인 글자가 문학의 형태를 담는 중심이 되었습니다. 글자를 모르는 자는 서당 못 다닌 걸 탓하게 되고, 글자를 아는 자도 뭐라도 읽고 싶어서 절간을 찾거나 책 빌릴 곳을 기웃거렸습니다. 활자가 나옵니다. 〈직지심체요절〉이 고려시대 1377년이고 은 세공사 구텐베르크가 응용해서 1400년대에 납이 들어간 활자판을 만듭니다. 종이의 발명에 이어 문학의 대 격동이 일어난 것이지요.

　소수에 국한되던 문학의 탐독이 다수에게 가능해집니다. 서양에서는 스탕달, 톨스토이, 토마스 하디가 열심히 '서재'에서 글을 썼습니다. 우리나라에서는 정조 19년 1795년 혜경궁 홍씨가 〈한듕록〉을 써냅니다. 종이 책이 돌아다니게 된 것입니다. 이 종이책의 가장 큰 장점은 다수의 독자를 생산할 수 있다는 것입니다. 그리하여 현재 2018년에 이르기까지 문학을 감상해 보기 원하는 독자는 돈을 주고 사거나 도서관에서 읽거나 하며 작품을 "읽어"왔습니다. 원래 "듣는" 문학이던 것이 사라지고 천 년 동안 "읽는" 문학의 시대가 계속된 것입니다. "노래하는" 가수가 아니라 "쓰는" 작가의 시대였습니다.

　독자의 입장에서 보겠습니다. 읽는 문학의 독자들은 호메로스 시대의 청중과 다릅니다. 눈으로 보고 입으로 탄성을 내고 감동을 안고 집으로 돌아가던 옛 시절의 예술 감상

자는 없습니다. 대신 입을 다물고 돋보기를 쓰고 불을 밝히며 종이책을 넘기는 과묵하신 독자들이 전 세계에 가득 찼습니다. 괴테의 시를 읽고도 그저 자기 집 방 안에서 한숨 짓는 정도고, 송기숙의 〈자랏골의 비가〉를 읽고도 그저 마음속으로만 '흠.. 좋은데. 이 사람이 쓴 다른 것도 사 봐야겠다'하고 생각할 뿐이었습니다. 접할 수 있는 문학 작품 수는 폭발적으로 늘었지만 인간의 집단 무의식 속에 흥겨운 기억으로 잠재하는 '문학이 주는 진정한 행복'을 맛볼 길이 없어졌습니다.

핸드폰 시대입니다. 종이가 아닌 폰 화면에서도 얼마든지 문학작품을 읽습니다. 책방까지 가서 오래 고를 필요도 없습니다. 돈도 많이 들지 않습니다. 출판업이 하락세입니다. 완전히 종이책이 사라진 것은 아니므로 우리는 과도기에 살고 있다 할 것입니다. 전자책이냐 종이책이냐의 문제를 떠나서 핸드폰을 손에 들고 있는 문학 독자 집단에 대해 생각해봅시다. 핸드폰을 손에 들고 있으니 이제 그들은 반응할 수 있습니다. 천 년 동안 하지 못했던 반응이 가능해 진 것입니다. 작가에게 메일로 문자로 자신의 생각을 전할 수 있는 도구가 가까운 곳에 늘 있는 것입니다.

최근 몇 년 동안 문학 이외의 분야에서도 "저쪽"에 있는 사람들의 반응을 중요시하는 흐름이 강해졌습니다. 예를 들어 JTBC의 〈손석희의 9시 뉴스〉에서도 뉴스 방송이 끝 나면 실시간으로 뉴스팀 기자들과 시청자들이 의견을 교환 하는 프로가 생겼습니다. 신문에도 독자들의 〈오피니언〉에 상당한 지면을 할애하는 경향입니다. 음악 공연에서도 그 저 무대에서 예술가가 부르고 연주만 하는 식은 점점 인기 가 없어지고 아티스트와 감상자와 함께 어우러지는 식이 성공을 거두고 있습니다. 제가 기억하기로는 나훈아가 공 연할 때 무대를 청중석까지 길게 연장시켜서 관객석 한가 운데까지 와서 〈무시로〉를 부르는 순간이 관객시대, 청중 시대, 독자시대의 효시가 아니었나 싶습니다. 올해의 방탄 소년단에 이르기까지 이제 예술 감상을 침묵 속에서 하는 시대는 갔습니다. 솔직하고 즐겁게 반응하는 관객이 드러났습니다. 예술가도 직접 그것을 목격합니다. 호메루스와 박씨처럼 말입니다.

　문학에서 독자들의 적극적 반응은 음악 분야보다 좀 더디게 진행되었습니다만 바야흐로 핸드폰을 통하여 독자와 작가가 연결되는 시대의 초입에 우리는 와 있습니다. 사실 가장 당혹스러운 집단은 천 년 동안 인쇄된 책의 힘에 의존해 온, 문학 작품의 생산자인, 작가들입니다. 그 옛날 호메로스가 청중의 시큰둥한 반응에 몇 대목은 자르기도 하고 몇 대목은 그 자리의 관객에 맞게 변경도 했었을 듯이, 고조선 시대의 박씨가 되도록 듣는 이들을 지루하게 하지 않으려고 이리저리 궁리를 했듯이, 다시 독자의 얼굴과 목소리를 대면하게 된 이 시대의 문학인들은 비장한 각오를 해야 할 것입니다. 작가 혼자 제멋에 겨워하거나 읽는 사람은 아랑곳하지 않고 한없이 길게 늘어진 글을 쓴다거나 문학은 내가 이끄는 것이라는 독단에 빠져있다면 이 시대와 맞지 않습니다. 사실 호머와 박씨 시대의 관객들과 비교할 수도 없는 많은 수의 독자들이 작가의 글을 기다리고 있습니다. 내가 쓰노니 넌 무조건 읽어라가 통하지 않습니다. 월계관을 쓰고 더 이상 자만할 수 없으니, 모름지기 "나 그대에게 모두 드리리" 정신으로 독자 앞에 나서야 할 것입니다.

그들의 시대입니다. 도대체 나의 작품을 읽고 독자들이 무슨 느낌과 생각을 가지고 있는지 오리무중이던 천년의 세월이 지나 마침내 완벽한 문학의 길이 열린 것입니다. 마법이 풀렸습니다. 핸드폰이라는 멍석 깔린 마당이 생겼습니다. '더불어' 예술 할 길이 열린 것입니다. 독자와 함께하는 문학. 결국 그것만이 독자들뿐만 아니라 글을 쓰는 작가들을 진정으로 행복하게 만들 것입니다.

〈에세이스트〉순천 포럼 발제문, 2018
[베란다 보이]에서